DATE DUE

FOLLETT

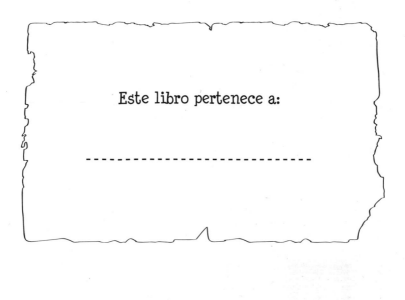

Este libro pertenece a:

- -

Edición: Ana Lorusso
Diseño: Tomás Caramella

© 2015 Aníbal Litvin
© 2015 V&R Editoras S.A.
www.vreditoras.com

Argentina: San Martín 969 10° (C1004AAS), Buenos Aires
Tel./Fax: (54-11) 5352-9444 y rotativas
e-mail: editorial@vreditoras.com

México: Dakota 274, Colonia Nápoles
CP 03810 - Del. Benito Juárez, México D. F.
Tel./Fax: (5255) 5220-6620/6621
e-mail: editoras@vergarariba.com.mx

ISBN: 978-987-747-015-4

Impreso en China • Printed in China

Enero de 2016

Litvin, Aníbal
1.000 datos locos de los Juegos Olímpicos / Aníbal Litvin.
- 1a ed . - Ciudad Autónoma de Buenos Aires : V&R, 2016.
272 p. ; 21 x 14 cm.

ISBN 978-987-747-015-4

1. Humor. I. Título.
CDD A867.9282

1.000
datos locos
de los JUEGOS
OLÍMPICOS

ANÍBAL LITVIN

V&R
EDITORAS

En México 1968, Enriqueta Basilio Sotelo, medallista mexicana en los 80 metros con vallas y 400 metros, entró al Estadio Universitario con la llama olímpica. Así se convirtió en la primera mujer en llevar la antorcha.

Como en París 1900 no había piscinas, las competencias de natación tuvieron que disputarse en el río Sena.

En Helsinki 1952, el corredor checo Emil Zatopek fue el primero en ganar en unos mismos Juegos los 5.000 y 10.000 metros, y el maratón.

Se cree que los primeros Juegos Olímpicos de la Antigüedad se celebraron en el 776 a.C., año en que se fijaron por escrito los nombres de los vencedores.

5

Los argentinos Ricardo Peper y Jeannette Campbell, un matrimonio de deportistas, habían conseguido la marca clasificatoria para Berlín 1936. Pero por problemas administrativos, solo podía viajar uno. Ricardo cedió su lugar. Jeannette fue la primera mujer argentina en viajar a una cita olímpica y, en ganar una medalla.

6

La holandesa Fanny Blankers-Koen fue apodada "La abuela" en Londres 1948. Con sus 32 años, era la mayor de todas las mujeres competidoras.

7

Los primeros Juegos Olímpicos modernos se inauguraron el 6 de abril de 1896 en Atenas.

8

Estaba prohibido besarse durante los Juegos Olímpicos de Pekín 2008. Era considerado un delito, equivalente al robo o secuestro. Por este motivo, se emplearon más de 200.000 cámaras para vigilar que la gente no se besara en público.

En Río de Janeiro 2016, las competencias de maratón y marcha atlética se desarrollarán en el típico escenario del Sambódromo, donde se concentra todos los años la mayor fiesta de carnaval del mundo.

La primera vez que hubo más de 100 mujeres participantes fue en París 1924. Asistieron 135 mujeres, en contraste con los 2.954 hombres.

Los Juegos Olímpicos volvieron a disputarse gracias a la perseverancia de Pierre de Coubertin. Luchó por revivir los Juegos como símbolo de paz y fraternidad. Logró que Grecia recibiera los primeros Juegos de la era moderna.

En Helsinki 1952, no se interpretó el himno nacional de Luxemburgo (nacionalidad del ganador). La orquesta no lo sabía y no tenían la partitura para tocarlo.

13

Abebe Bikila, de Etiopía, ganó el maratón de Roma 1960. Fue el primer campeón olímpico africano y corrió descalzo los 42,195 kilómetros que se recorren en esta disciplina.

14

La primera vez que se superó la participación de 100 países fue en los Juegos de México 1968. Compitieron 112 naciones.

15

En Montreal 1976, el húngaro Miklos Németh ganó el oro en el lanzamiento de jabalina y se convirtió en el primer hijo de un medallista en obtener una medalla dorada. Su padre, Imre, había ganado el lanzamiento de martillo en 1948.

16

En las Olimpiadas de Atenas 1896 los premios fueron distintos. El ganador recibió una medalla de plata, un certificado y una corona de hojas de olivo. El segundo premio fue una medalla de bronce y una corona de laurel.

El futbolista danés Sophus Nielsen es el dueño del actual récord de goles en un partido de los Juegos, marcó 10 en Londres 1908, en el partido Dinamarca (17) -Francia (1).

Japón es la cuna del judo. Sin embargo, la final olímpica de judo de Tokio 1964 la ganó un holandés.

Las mascotas de los Juegos Olímpicos y Paralímpicos de Río de Janeiro 2016 son Vinicius y Tom. Fueron escogidos por la gente a través de Internet.

En la inauguración de Tokio 1964, el atleta Yoshinari Sakai (con 19 años) fue el último relevo para llevar la llama olímpica. Fue apodado "el bebé de Hiroshima" por haber nacido en esa ciudad el 6 de agosto de 1945, día en que Estados Unidos arrojó una bomba atómica.

21

En la Antigua Grecia, los atletas competían desnudos.
Exhibían sus cuerpos como símbolo de perfección y
dedicación.

22

Las últimas medallas hechas completamente de oro
fueron entregadas en los Juegos de 1912. Las medallas "de
oro" actuales están hechas en un 92,5% de plata, con solo
un 1,34% de oro. El porcentaje restante es cobre.

23

En los Juegos Olímpicos de Londres 1908 el maratón
se fijó en 38 km, pero el príncipe de Gales, Jorge V,
quiso que la salida fuera desde un punto anterior, en el
Castillo de Windsor. Ese día llovía y no querían que la
reina se mojara. La distancia quedó en 42,195 km, la cual
finalmente se oficializó.

24

Río de Janeiro 2016 representa el primer evento olímpico
en Sudamérica. México, en 1968, fue la primera ciudad
latinoamericana en concretarlo.

25

La Carta Olímpica estipula que "toda forma de discriminación con respecto a un país o a una persona, ya sea por razones raciales, religiosas, políticas, sexo u otras, es incompatible con la pertenencia al movimiento olímpico".

26

En los primeros Juegos Olímpicos de la era moderna participaron deportistas de 13 países en 42 pruebas y 9 deportes.

27

En Londres 2012, el gimnasta brasileño Arthur Nabarrete Zanett consiguió la medalla número 500 para América Latina en Juegos Olímpicos.

28

En Atenas 1896, el torneo de cricket y la competencia de fútbol se cancelaron por falta de equipos participantes, y la competencia de navegación se anuló por el mal tiempo.

29

En la Antigua Grecia solo las mujeres solteras podían presenciar los Juegos. La pena para una mujer casada que asistiera al evento era la muerte.

30

El argentino Luis Brunetto logró la medalla de plata en salto triple en París 1924, con una marca de 15,42 metros, que significó el récord argentino y sudamericano.

31

La ceremonia inaugural de Los Ángeles 1932 fue realizada por el director de cine Cecil B. DeMille, creador de películas como *El rey de reyes* y *Los diez mandamientos*.

32

En Melbourne 1956, el estadounidense Harold Connolly y la checa Olga Fikotova se conocieron en la Villa Olímpica e iniciaron un romance. Cuatro años después y la pareja ya casada, Olga se nacionalizó estadounidense y representó a ese país en los Juegos de Roma.

33

Francia no quiso apoyar la segunda versión de los Juegos en París, realizada en 1900. Por lo tanto, no hubo medallas para los ganadores por la falta de financiación.

34

En Atlanta 1996, la competencia de voleibol de playa se disputó en una playa artificial.

35

En Amberes 1920 se dio por primera vez el juramento del atleta, que dice así: "Juramos participar de los Juegos Olímpicos como participantes leales, respetando los reglamentos y decididos a competir dentro de un espíritu de camaradería, por el honor de nuestro país y por la gloria del deporte".

36

A pesar de no haber ganado ninguna medalla hasta 1984, China logró posicionarse en cuarto lugar en el conteo de medallas desde 1896 hasta 2012.

37

El gimnasta Dimitrio Loundras tenía solo 10 años de edad cuando compitió en barras paralelas en Atenas 1896.

38

Soraya Jiménez Mendivil se coronó campeona en levantamiento de pesas, en Sidney 2000, levantando 225 kilos. Fue la primera mujer mexicana en lograr una medalla de oro.

39

En Montreal 1976, la gimnasta rumana de 14 años Nadia Comaneci fue la primera a la cual le concedieron un puntaje perfecto de 10 en barras paralelas.

40

Récord de recuperación: en Seúl 1988, el clavadista estadounidense Gregory Louganis se golpeó la cabeza con el trampolín cuando se arrojó a la piscina en las eliminatorias. Le dieron varios puntos para cerrar la herida. Al día siguiente ganó el oro.

41

Muchos competidores de París 1900 no se enteraron de que habían participado en un Juego Olímpico. Pensaban que habían competido en un encuentro deportivo organizado con motivo de la Exposición Universal de París.

42

Desde 1912 hasta 1948, hubo también competencias artísticas. Eran 5 categorías: arquitectura, literatura, música, pintura y escultura.

43

En Atenas 2004, Liu Xiang ganó el oro en los 110 metros vallas. Esta fue la primera medalla de oro de China en atletismo masculino.

44

Se dice que el velocista Usain Bolt come batatas en un gran número de preparaciones como estofados, sopas y pasteles. Pero no de cualquier tipo, solo las de Trelawny, su ciudad natal en Jamaica.

En Helsinki 1952, el pastor protestante Bob Richards ganó la medalla de oro en salto con garrocha.

Los Juegos Paralímpicos son una competición olímpica oficial. Participan atletas que padecen cierto tipo de discapacidad.

Cuatro años después de que Nigeria le ganara a Argentina la final del fútbol olímpico en Atlanta 1996, otro equipo africano, Camerún, venció por penales a España.

Bruce Jenner, padrastro de la famosa Kim Kardashian, fue campeón olímpico de decatlón en los Juegos de Montreal 1976. Más tarde, hizo público su deseo de cambiar de sexo. En 2015, el atleta apareció en la portada de la revista *Vanity Fair*, ya como mujer y con su nuevo nombre: Caitlyn Jenner.

En Pekīn 2008 se estrenó el BMX como deporte olímpico.
El BMX es una modalidad de ciclismo que nació en 1970,
cuando los jóvenes realizaban carreras de bicicletas en
circuitos de motocross.

**Londres es la primera ciudad que ha sido sede de los Juegos
Olímpicos modernos tres veces (1908, 1948, 2012).**

El boxeador Pedro Quartucci fue el primer atleta argentino
en obtener una medalla olímpica individual al ganar el
bronce en la categoría pluma de boxeo en París 1924.

52

Desde los primeros juegos de la antigüedad, la llama
olímpica fue encendida y llevada por los atletas. La
antorcha fue reintroducida en Ámsterdam 1928. Para Berlín
1936, por primera vez la llama fue encendida en Grecia y
transportada hasta la sede de los Juegos.

53

Para llevar la antorcha olímpica solo es necesario ser mayor de catorce años y poder recorrer cuatrocientos metros.

54

En Atenas 1896, el estadounidense Thomas Curtis luego de ganar una de las series eliminatorias de los 100 metros vallas, le preguntó a su rival griego Alexandros Chalkokondilis por qué llevaba puestos guantes blancos, y este le respondió: "Porque corro ante el rey".

55

En el voleibol paralímpico se especifica que una parte del cuerpo del jugador, entre las nalgas y el hombro, debe estar en permanente contacto con el suelo cuando se golpea la pelota.

56

La primera edición del torneo masculino de balonmano o *handball* se disputó en 1936 en forma de exhibición. Desde 1972 forma parte del programa olímpico.

57

En Estocolmo 1912, se utilizó un método diferente para las disciplinas de jabalina, disco y peso. Los participantes debían lanzar una vez con cada mano, sumando luego los metros alcanzados en ambos lanzamientos.

58

Para los Juegos de 1908 y 1912, Australia y Nueva Zelanda formaron el equipo de Australasia.

59

Récord de confusión: en 1960, después de 1.567 años, los romanos querían mostrar que eran capaces de realizar unas Olimpiadas exitosamente. Sin embargo, el número de visitantes superó la expectativa de los italianos, lo que causó problemas estructurales. Las calles de la capital italiana vivían congestionadas.

60

En la Antigua Grecia, la gran figura fue el luchador Milón. Se calcula que comía 9 kilos de carne por día y la misma cantidad de pan y tomaba 9 litros de vino.

61

En Los Ángeles 1932, Shunzo Kido, miembro del equipo ecuestre japonés, iba a la cabeza en la carrera de obstáculos cuando notó que su caballo, Kyu Gun, estaba cansado. Sin dudarlo, Kido se retiró de la competencia.

62

Para Sídney 2000 la antorcha olímpica, gracias a un dispositivo especial, viajó sumergida por la Gran Barrera de Coral del noroeste de Australia.

63

La primera vez que se jugó waterpolo en unos Juegos fue en París 1900.

64

El ugandés John Akii-Bua celebró el oro obtenido en los 400 metros con vallas, en los Juegos de Múnich 1972, con una fiesta familiar multitudinaria. ¡Con sus 100 hermanos! Su padre, un jefe tribal del norte de Uganda, tenía 8 mujeres, 50 hijos legítimos y otros 50, no reconocidos.

65

En Ámsterdam 1928, al ganar en salto triple, Mikio Oda se convirtió en el primer medallista de oro olímpico de Japón y el primer ganador asiático en los Juegos en una competición individual.

66

En Roma 1960, la nadadora Carolyn Wood casi se ahoga en la final de 100 metros mariposa. Por suerte, un espectador saltó a la piscina en su ayuda.

67

Edward Eagan fue el primer deportista en lograr medallas de oro en Juegos Olímpicos de Invierno y de Verano.

68

El gimnasta ruso Nikolai Andrianov, ganador de 15 medallas, murió a la edad de 58 años luego de una enfermedad que prácticamente lo privó de poder mover un solo músculo, a raíz de un desorden neurológico degenerativo múltiple.

69

En Atenas 2004, los tenistas chilenos Nicolás Massú
y Fernando González ganaron la medalla de oro en la
competición de dobles.

70

El primer campeón olímpico fue James Brendan Connolly,
de Estados Unidos, quien logró 13,71 metros en la categoría
de salto triple.

71

Anthony Nesty, de Surinam, fue el primer nadador
afroamericano en ganar una medalla de oro, en Seúl 1988.

72

Récord sin oro: en París 1924, el estadounidense Robert
LeGendre estableció una nueva marca mundial en salto
en largo. Sin embargo, no obtuvo la medalla de oro, pues
la prueba era parte del pentatlón, en el que el deportista
quedó en tercer lugar.

En los Juegos Olímpicos de la Antigüedad, la disciplina estrella era el *pentatlón* (literalmente, los "cinco ejercicios").

El alemán Werner Lampe decidió afeitarse la cabeza para ganar algunas décimas en la final de los 200 libres en Múnich 1972.

En el ciclismo en pista de Londres 2012 se alcanzó la igualdad de género con 5 pruebas para cada sexo.

De pequeño, a Zou Shiming su madre lo obligó a usar vestidos de niñas. Esto hizo que Zou fuera al gimnasio para forjar su identidad, y que con el correr de los años se destacara como boxeador. Así, ganó tres medallas olímpicas y se convirtió en el símbolo del boxeo en China.

77

La primera edición de los Juegos Olímpicos de Invierno
fue en 1924, y se celebraban en los mismos años que los
Juegos de Verano. En 1994, el COI decidió que la edición
invernal tuviera lugar dos años después que la de verano.

78

Récord de inseguridad: el fondista brasileño Vanderlei
Lima perdió el oro en el maratón de Atenas 2004 tras ser
interceptado por un hombre irlandés que había saltado las
vallas para abrazarlo cuando encabezaba la carrera.

79

**Las mujeres comenzaron a participar en Juegos Olímpicos
recién en París 1900. Lo hicieron en tenis, golf y croquet.**

80

Para los Juegos Olímpicos de Melbourne 1956, los
organizadores decidieron que la equitación se dispute en
Suecia. Temían que los caballos portaran enfermedades
contagiosas.

En Atenas 1896 cinco países participaron en la competencia de gimnasia. Esta disciplina incluía: los aros, las barras paralelas, los saltos, el caballo con arzones y la barra horizontal.

Al Estadio Nacional, construido para los Juegos de Pekín 2008, también se lo conoce como "Nido de pájaro", pues su diseño imita las ramas entrelazadas de los nidos de aves.

Hasta Londres 2012, Brasil ganó 108 medallas: 23 de oro, 30 de plata y 55 de bronce.

En los Juegos Paralímpicos, un atleta puede llegar en cualquier puesto y establecer un nuevo récord mundial. Esto es posible porque participan atletas con diferentes discapacidades y los récords corresponden a sus respectivas clasificaciones.

85

En Estocolmo 1912, el ruso Martin Klein y el finlandés Alfred Asikainen combatieron durante 11 horas para definir quién sería el ganador de la medalla dorada en lucha grecorromana. Finalmente, el vencedor fue Klein.

86

El joven remero soviético Vyacheslav Ivanov ganó el oro en remo *single scull* en Melbourne 1956. Cuando quiso mostrarles la medalla a sus compañeros, esta resbaló de sus manos y se hundió en el lago Wendouree.

87

El alemán Bernd Níquel fue el último futbolista que marcó cuatro goles fue Estados Unidos 1972.

88

El 3 de agosto de 1932, el mexicano Gustavo Huet empató el primer puesto en tiro con rifle con el sueco Bertil Ronnmark: 294 puntos de 300 posibles. Al día siguiente se llevó a cabo una ronda de desempate. Huet perdió por una sola unidad (294 contra 293).

El nadador estadounidense Steve Genter ganó tres medallas en los Juegos de Múnich 1972. Días antes había pasado por una cirugía por una obstrucción pulmonar.

El Comité Paralímpico Internacional decide qué deportes y qué tipo de discapacidad forman parte de los Juegos Paralímpicos.

El atleta estadounidense Harry Prieste confesó, a sus 101 años, que había robado la bandera olímpica original en 1920. Sin embargo, la devolvió 3 años después de su confesión, para los Juegos de Sídney 2000.

Récord de austeridad: debido a la Segunda Guerra Mundial, se cancelaron los Juegos de 1940 y 1944. Tras la guerra la situación en Europa era tan precaria que en Londres 1948 cada delegación tuvo que llevar su propia comida y las medallas eran de hojalata.

93

La atleta Nawal El Moutawakel ganō el oro en los 400 metros con vallas de Los Ángeles 1984. Fue la primera campeona olímpica de Marruecos y la primera mujer proveniente de un país islámico en ganar la medalla dorada.

94

Río de Janeiro se postuló para ser sede de los Juegos Olímpicos en 1936, 1940, 1956, 1960, 2004 y 2012.

95

Los mexicanos Isaac y Ever Palma Olivares se convirtieron en los primeros hermanos en competir en los 20 km marcha. Lo hicieron en Londres 2012.

96

Récord de buena onda: en San Luis 1904, durante la ceremonia de apertura, el cubano Félix Carvajal desfiló con ropa rasgada, pues siempre tuvo una vida muy pobre. Como solo tenía la ropa que llevaba, fue a correr el maratón en pantalones largos, pero el estadounidense Martin Sheridan consiguió una tijera y se los cortó. Los atletas pagaron su pasaje de regreso a su país.

Los eventos de gimnasia rítmica aparecieron en
Los Ángeles 1984. Esta forma de gimnasia incorpora
características de coreografía básica tomadas del ballet, y
se separa de otros estilos por la falta de aparatos.

El jinete y militar Humberto Mariles Cortés fue el primer
deportista mexicano en ganar una presea dorada. Además,
fue el único en obtener dos medallas de oro y una de
bronce en una misma edición: Londres 1948.

**En Río de Janeiro 2016, el golf y el rugby vuelven a formar
parte del programa olímpico.**

Hubo quienes pagaron hasta 20 mil dólares por un boleto
de reventa para asistir a la ceremonia de inauguración de
los Juegos de Pekín 2008. Este monto equivale al ingreso
promedio anual de una familia de clase media en China.

El campeón alemán David Möller se rompió un diente al morder la medalla de plata que había ganado en los Juegos Olímpicos de Invierno de Vancouver 2010.

El *Dream Team* estadounidense nació en Barcelona 1992. Fue la primera vez que se permitió la participación de basquetbolistas profesionales.

La brasileña Adriana Araujo se llevó la medalla de bronce en la primera edición de boxeo femenino, en Londres 2012.

Una de las figuras más importantes en el centro acuático de los Juegos Paralímpicos son los guías que apoyan a los nadadores no videntes o con deficiencia visual. Ubicados en cada extremo de la piscina, los *tappers* utilizan una larga varilla para advertir a los nadadores que se aproximan a la pared.

105

Michael Phelps, ganador de 22 medallas olímpicas en natación, lleva una dieta de 10 mil calorías durante su entrenamiento.

106

En Atenas 2004, los deportistas de arquería compitieron en el Estadio Panathinaikó. Dicho estadio fue construido sobre las ruinas de uno más antiguo, que data del año 329 a.C.

107

China participó por primera vez en los Juegos Olímpicos de Los Ángeles 1932. Luego, los chinos no participaron hasta Los Ángeles 1984, donde conquistaron 15 medallas de oro.

108

A comienzos de siglo XX, el tenis se jugaba al mejor de cinco sets y no existía el *tie-break*. En Amberes 1920, el británico Gordon Lowe necesitó 76 *games* para derrotar al griego Augustos Zerlendis por 14-12, 8-10, 5-7, 6-4, 6-4.

109

En Montreal 1976, la final de voleibol entre Polonia y la Unión Soviética duró 4 horas y media. El partido terminó a las 3 de la madrugada y ganó Polonia. (Seguramente ganó el menos dormido.)

110

Debido a la invasión de la desaparecida Unión Soviética a Afganistán, hubo muchas protestas para la realización de los Juegos en Moscú en 1980. Pese a esto el evento deportivo se realizó y se batieron 33 récords mundiales.

111

Brasil se ubica en segundo puesto en el medallero olímpico de voleibol y voleibol de playa.

112

Las primeras pruebas que se desarrollaron en los Juegos Olímpicos modernos fueron nueve: atletismo, ciclismo, esgrima, gimnasia, lucha, pesas, natación, tenis y tiro.

113

El deportista de apellido más largo de la historia
de los Juegos Olímpicos fue el pesista iraní Saeid
Mohammadpourkarkaragh. Saeid participó en Londres 2012.

114

En un partido de tenis en silla de ruedas la pelota puede
rebotar dos veces antes de que el jugador la devuelva. Y el
segundo rebote puede ser dentro o fuera de los límites de
la cancha.

115

**Los primeros partidos oficiales de baloncesto o básquetbol
fueron en Berlín 1936. Se jugaron al aire libre y sobre arena.**

116

La llama olímpica para los Juegos de México 1968
es conocida como "el relevo del nuevo mundo", ya
que la idea fue conectar las civilizaciones europeas y
latinoamericanas. Para ello, siguió los pasos de Cristóbal
Colón. El recorrido total fue de 13.620 kilómetros, de los
cuales 11.090 fueron por vía marítima.

117

El atleta paralímpico mexicano Saúl Mendoza fue medalla de oro y récord olímpico en Sídney 2000. Lo logró en la prueba de 1.500 metros.

118

Antes de que aparecieran los colchones inflables, los garrochistas olímpicos caían sobre arena. (¡Pobre espaldita!)

119

En Los Ángeles 1932 se produjo el primer caso de sospecha sexual. La polaca Stanislawa Walasiewicz, nacionalizada estadounidense y conocida como Stella Walsh, ganó la prueba de 100 metros planos. Por entonces solo existía el desnudo como prueba de verificación, algo a lo que Walsh se negó. Cuando murió, en 1980, por un disparo durante un asalto a un supermercado, la autopsia demostró que genéticamente era un hombre.

120

Récord de machismo: el francés Pierre de Coubertin, creador de los Juegos Olímpicos modernos, se opuso a la participación de las mujeres hasta su muerte.

Las medallas de los Juegos Olímpicos y Paralímpicos de Río de Janeiro 2016 tienen en su composición metales reciclados, provenientes de dispositivos electrónicos.

Para Río de Janeiro 2016, fue previsto que la antorcha olímpica atraviese 250 ciudades de Brasil, en un recorrido de 100 días con 10.000 abanderados y cubriendo más de 20.000 kilómetros.

Los Juegos de Londres 1908 duraron 187 días. Empezaron en abril y terminaron en octubre.

Los estadounidenses Michael y León Spinks son los primeros y únicos hermanos boxeadores que ganaron medallas doradas en una misma cita, en 1976. Años después, ambos fueron campeones mundiales profesionales de los pesos completos.

125

El argentino Alberto Lovell ganó la medalla de oro en Los Ángeles 1932. Su hermano Guillermo, de plata en Berlín 1936, y su hijo, Alberto Santiago, llegó a los cuartos de final en Tokio 1964. Todos compitieron en peso pesado de boxeo.

126

Oscar Schmidt participó en cinco Juegos Olímpicos con la selección de básquetbol de Brasil. Obtuvo varios récords.

127

Oscar de la Hoya y Howard Davis, dos luchadores estadounidenses que ganaron sendas medallas de oro en pesos ligeros de los Juegos de Barcelona 1992 y Montreal 1976, dedicaron sus triunfos a sus madres, las cuales murieron una semana antes del inicio de la justa olímpica.

128

El jamaiquino Usain Bolt ha sido capaz de recorrer 100 metros en 9 segundos y 58 centésimas, a una velocidad de 44,79 kilómetros por hora.

129

En Londres 2012, el judoca cubano Oreydi Despaigne, fue descalificado en octavos de final por morder a su rival, el uzbeco Ramziddin Sayidov.

130

En los Juegos Olímpicos y en los Paralímpicos la cancha de básquetbol conserva las mismas medidas: 28x15 metros, y los aros están 3,05 metros de altura.

131

El críquet se incluyó solo en París 1900, cuando ganó el equipo de Reino Unido.

132

Henry William *Harry* Mallin fue el primer bicampeón de boxeo olímpico de la historia moderna. Obtuvo la medalla de oro en la categoría de peso mediano en Amberes 1920. En París 1924 fue derrotado por el francés Roger Brousse en los cuartos de final según la decisión de los jueces. Luego de que Mallin protestara por haber sido mordido en el pecho y brazos por su adversario, los jueces descalificaron al boxeador francés y le dieron el triunfo.

Récord de superstición: la ciclista colombiana Mariana Pajón, campeona olímpica de BMX, siempre compite con guantes y calcetines de distintos colores.

En 2007, el Comité Olímpico Internacional (COI) decidió incorporar un nuevo tipo de evento: los Juegos Olímpicos de la Juventud. Las primeras jornadas fueron en Singapur 2010 e Innsbruck 2012, en sus ediciones de verano e invierno respectivamente. En 2018, la Ciudad de Buenos Aires (Argentina) será sede de estos Juegos.

Im Dong Hyun, un arquero clínicamente ciego, participó en 3 Juegos. Atenas 2004, Pekin 2008 y Londres 2012.

La equitación es el único deporte olímpico donde hombres y mujeres compiten entre sí y en igualdad de condiciones. Es la única disciplina en la que participa un animal.

En Helsinki 1952, la dinamarquesa Lisa Hartel ganó la medalla de plata en la doma de caballo pese a ser paralítica desde las rodillas hacia abajo.

En 1901 el naciente Comité Olímpico Internacional determinó que, además de los Juegos que debían celebrarse cada cuatro años en diferentes ciudades, habría otros juegos cada 4 años y que estos siempre se celebrarían en Atenas. La primera edición se debía llevar a cabo en 1902; pero como la fecha estaba muy próxima, se programó para 1906. Cuando concluyó la Primera Guerra Mundial en 1918, la idea fue desechada. En la actualidad el COI no reconoce oficialmente la edición de competencias de Atenas 1906, ni sus récords o medallas.

Durante el recorrido de la antorcha de los Juegos de México 1968, la misma llegó a Barcelona para iniciar su recorrido por España. Cuando el atleta Gregorio Rojo recibió la llama, esta explotó provocándole quemaduras. El atleta se recuperó en un mes.

140

En París 1900, se realizó el evento de natación bajo la superficie que otorgaba puntos a los nadadores de acuerdo a cuánto tiempo y distancia recorrían debajo del agua.

141

Para cuidar el ecosistema, en Londres 2012 más de 4 mil tritones, ranas y sapos fueron retirados a mano durante la construcción del Parque Olímpico, y luego nuevamente colocados en su hábitat.

142

En Atenas 1896 diversas compañías invirtieron para anunciarse en los Juegos.

143

En Atenas 1896, el estadounidense Bob Garret, estudiante de la Universidad de Princeton, y que se hallaba en Grecia por motivo de un viaje estudiantil, se unió al equipo de su país, sin estar seleccionado, y ganó el oro en lanzamiento de disco.

144

El croquet solo se incluyó en París 1900 y contó con la participación de tres mujeres: *madame* Despres, *madame* Filleaul Brohy y *mademoiselle* Marie Ohnier.

145

Deportistas que ganaron medallas en Juegos Olímpicos de Invierno y de Verano: Eddie Eagan ganó el oro en boxeo en Amberes 1920 y en bobsleigh en Lake Placid 1932. TullinThams logró la medalla de oro en velocidad en Sarajevo 1984 y una de plata en ciclismo en Seúl 1988. Clara Hughes fue bronce en contrarreloj de ciclismo en Atlanta 1996 y oro en 5.000 metros de patinaje sobre hielo en Salt Lake City 2002.

146

Desde 2001, la ciudad que organiza los Juegos Olímpicos está obligada a ser sede también de los Paralímpicos.

147

El boxeo no estuvo incluido en el programa de los primeros Juegos Olímpicos de Atenas 1896, porque Pierre de Coubertin, lo consideraba un deporte poco caballeroso. Su debut se produjo en San Luis 1904.

148

Récord lingüístico: Rodrigo Pessoa, jinete de equitación brasileño y ganador de la medalla de oro en Atenas 2004 en salto individual, habla 7 idiomas: francés, portugués, español, inglés, alemán, italiano y holandés.

149

En Ámsterdam 1928, a la nadadora alemana Hilde Schrader se le rompió el traje de baño mientras competía en los 200 m estilo braza. Quiso terminar cuanto antes . . . y ganó.

150

Rebecca Romero, ciclista británica, obtuvo medallas en disciplinas diferentes, en ediciones diferentes.

151

El momento de mayor tensión en Melbourne 1956 se produjo en la final de waterpolo cuando se enfrentaron Hungría y la Unión Soviética. Un jugador soviético agredió a un contrincante, produciéndose una pelea que tuvo que ser disuelta por la policía. Al final, ganó Hungría.

Eric Moussambani Malonga, nadador de Guinea Ecuatorial, representó a su país en Sídney 2000. Apodado "la anguila", ganó fama mundial cuando nadó la prueba de 100 metros libres en 1 minuto 52,72 segundos, más del doble que sus competidores más rápidos. Consiguió participar en los Juegos sin alcanzar los tiempos mínimos requeridos gracias a un sistema que permitía la participación de deportistas de países en vías de desarrollo.

Los Juegos de Londres 2012 fueron los primeros en que fue posible usar *iPad* y *iPhone*.

Spiridon Louis, un pastor griego que ganó el maratón de 1896, pasó las dos noches anteriores a la carrera rezando, sin dormir, y en completo ayuno el día anterior.

En Amberes 1920, Ugo Frigerio ganó el oro en los 3 y 10 kilómetros de marcha atlética. Con estos éxitos consiguió ser el primer campeón olímpico italiano de esta disciplina.

156

En el debut del fútbol femenino, la organización de Londres 2012 se equivocó y puso la bandera de Corea del Sur en vez de la de Corea del Norte en el partido que enfrentaban a las norcoreanas con Colombia.

157

México ganó 61 medallas a lo largo de su participación en los Juegos Olímpicos.

158

En Ámsterdam 1928, Uruguay y Argentina jugaron la final de fútbol. Empataron en un gol, jugaron el suplementario y se mantuvo la igualdad. Hubo necesidad de jugar otro partido y Uruguay triunfó por 2 a 1.

159

En Sídney 2000, la Orquesta Sinfónica de esa ciudad simuló tocar parte de su repertorio durante la ceremonia de inauguración. La música que el resto del mundo escuchó pertenecía a una grabación realizada previamente por la Orquesta Sinfónica de Melbourne.

160

Para Pekín 2008, el peluquero Wang Dasheng cortó el cabello a los chicos de su barrio recreando toda la gama de símbolos olímpicos.

161

En San Luis 1904, la yarda se convirtió por primera y única vez en medida oficial. Luego se pasó al sistema métrico.

162

En Amberes 1920, el estadounidense Charles Paddock, uno de los mayores corredores de la historia, venció en la final de los 100 metros, gracias a un salto de 4 metros que le hizo cruzar primero la cinta de llegada cuando sus piernas todavía estaban en el aire.

163

Pedro Pidal, marqués de Villaviciosa, fue el primer español que logró subir al podio en una Olimpiada. Fue en París 1900, con un segundo puesto de lo que por entonces era la prueba de tiro al pichón. Pero no recibió una medalla de plata por su logro, sino... un par de calcetines.

164

El local de *McDonald's* más grande del mundo fue
construido en el Parque Olímpico de Londres 2012. Con
capacidad para 1.500 personas, y preparado para vender 50
mil hamburguesas y 100 mil órdenes de papas fritas por día.

165

**En Sídney 2000 hubo 25 récords mundiales y 11 olímpicos en
las 36 competencias de natación.**

166

Juan Nelson fue un hacendado y jugador de polo argentino
que obtuvo dos veces la medalla de oro olímpica: en París
1924 y en Berlín 1936. Nelson y Javier Mascherano han sido
los únicos argentinos en ganar dos veces la medalla.

167

Vera Caslavska, gimnasta de la ex Checoslovaquia se ganó
al público mexicano de los Juegos de 1968 gracias a su
ejercicio de suelo adaptado a una popular música
de ese país. Las canciones: *La cucaracha*
y *Allá en el rancho grande*, y obtuvo
la medalla de oro individual.

En Berlín 1936, la selección mexicana de básquetbol era conocida como el "Equipo del Rojo y el Colorado", pues era comandada por el entrenador Alfonso Rojo de la Vega y su asistente Leoncio *Colorado* Ochoa.

El húngaro Károly Takács era un experto en tiro. Un día, le explotó una granada en su mano hábil (la derecha), por lo que luego tuvo que entrenar con la izquierda. Logró ganar dos medallas de oro en las Olimpiadas de 1948 y 1952.

En sus comienzos, todo deportista olímpico debía ser amateur. Es decir, no pago.

En competiciones acuáticas, especialmente las de clavados, los deportistas se sumergen en el jacuzzi mientras aguardan las puntuaciones o decisiones de los jurados. De acuerdo con el entrenador canadiense de buceo Geller Mitch, es una manera de relajarse y mantener el calor.

El defensor húngaro Deszö Novak posee un récord único en la historia del fútbol olímpico: 3 medallas en 3 ediciones consecutivas.

Brasil ganó tres medallas de bronce en básquetbol. Las obtuvo en Londres 1948, Roma 1960 y Tokio 1964.

Argentina formó parte de los miembros fundadores del Comité Olímpico Internacional en 1894. Pero comenzó a participar oficialmente en París 1924.

En los 100 metros planos femeninos de Moscú 1980, la soviética Lyudmila Kondratyeva y la alemana oriental Marlies Oelsner-Göhr llegaron juntas, a los 11,06 segundos. En la imagen del *foto finish*, los veedores notaron que las cabezas de ambas habían cruzado la meta en la misma línea, al igual que el resto del cuerpo. Sin embargo, le dieron el triunfo a Kondratyeva: sus pechos eran más grandes que los de su rival.

En París 1900 la natación con obstáculos fue una disciplina. Los nadadores tenían que superar distintas pruebas: arrastrarse sobre los barcos, nadar debajo de ellos y subir a un poste en el río Sena, entre otras.

En los Juegos de Pekín no todos los fuegos artificiales eran reales. Algunos fueron creados por computadora.

El 7 de agosto se celebra en Argentina el "Día Olímpico" en conmemoración a dos grandes deportistas: Juan Carlos Zabala y Delfo Cabrera. Ambos ganaron el maratón un 7 de agosto, pero en distintos Juegos.

Torben Schmidt Grael, regatista brasileño y descendiente de una familia danesa, comenzó a navegar a la edad de 5 años. Grael es el brasileño con mayor número de medallas.

180

Para resaltar el carácter internacional de los Juegos de Sídney 2000, la antorcha estuvo en el espacio. Viajó con la tripulación del transbordador Atlantis.

181

El jinete japonés Kenki Sato tenía un oficio inusual: era monje en el templo budista de su familia, cerca de la ciudad de Nagano. Pasaba hasta 19 horas por día meditando.

182

El gimnasta ruso Alexander Diyiatin fue el primero en conseguir 8 medallas en una sola edición de los Juegos.

183

Récord de TT: en Londres 2012, la levantadora de pesas australiana Seen Lee olvidó depilarse. Sus axilas generaron un gran revuelo en twitter, con tuits como: "URGENTE: Hay 2 levantadoras de pesas atrapadas en la axila de la levantadora de pesas australiana. Se espera lo peor" convirtiéndola en *trending topic* de dicha red social.

La final del fútbol olímpico en París 1924 fue entre
Uruguay-Suecia (3-0). Los uruguayos agradecieron el apoyo
del público francés dando una vuelta alrededor del terreno
de juego. Fue la primera presentación de lo que hoy se
conoce como la "Vuelta Olímpica".

**En Amberes 1920, la patinadora sueca Magda Julin ganó la
medalla de oro estando embarazada de cuatro meses.**

Las deportistas de nado sincronizado no emplean
maquillaje regular, sino un aceite de silicona volátil
resistente al agua. Solo puede ser quitado del rostro con un
removedor especial.

En Londres 2012, la Orquesta Filarmónica de Londres
redujo a un minuto la duración de los himnos nacionales
de todos los países participantes.

188

El Colegio Americano de Medicina considera que un 62% de los deportistas olímpicos padece trastorno de salud como consecuencia de su alimentación.

189

En Los Ángeles 1984 en gimnasia, los jueces repartieron 44 puntuaciones máximas, la mayoría en favor de los locales.

190

Luego de la Primera Guerra Mundial, las ediciones de 1924 y 1928 de las Olimpiadas revitalizaron el deporte. Hubo un nuevo crecimiento del fútbol, lo que motivó que la FIFA confirmara el 28 de mayo de 1928 la organización del primer Campeonato Mundial de Fútbol.

191

Australia, que desde 1908 pretendía asumir la organización de unos Juegos Olímpicos, lo logró en 1956 al vencer la ciudad de Melbourne por un solo punto de diferencia a la de Buenos Aires.

192

Mireia Belmonte, ganadora de medallas para España en natación, de niña era alérgica al cloro de las piscinas.

193

Para Los Ángeles 1932, Brasil conformó una delegación de 69 deportistas. Como el país no podía solventar este gran gasto, acondicionaron un barco (el *Itaquecé*) y lo cargaron con 50.000 sacos de café para que los atletas vendieran el producto en los distintos puertos. Pero las ventas fueron muy bajas y, al llegar al puerto de Los Ángeles, los brasileños solo tenían dinero suficiente para que desembarquen 24 deportistas. Los que lograron bajar vendieron otro poco de café y pagaron el ingreso de otros 20 compañeros. Lamentablemente tanto esfuerzo y sacrificio no reportó ninguna medalla.

194

En Londres 1948, el estadounidense Guinn Smith fue el último atleta en ganar la medalla dorada utilizando una garrocha de caña de bambú. Las actuales están hechas de fibra de carbono y de vidrio.

El boxeador húngaro László Papp ganó tres veces consecutivas la medalla de oro, en los Juegos de 1948, 1952 y 1956. A partir de 1957, comenzó a competir como boxeador profesional.

En Amberes 1920, Finlandia fue un país dominante en diversas disciplinas, como patinaje artístico por parejas, prueba de 10.000 metros planos, maratón, cross country en individual y por equipos, lanzamiento de bala, lanzamiento de la jabalina, pentatlón, lucha libre en dos categorías, lanzamiento del disco, lucha grecorromana en tres categorías y triple salto.

La natación sincronizada individual se estrenó en Los Ángeles, pero se suspendió después de los Juegos de 1992.

El regatista Carlos *Camau* Espínola fue el primer argentino en conseguir 4 medallas olímpicas. La segunda fue Luciana Aymar, en hockey sobre césped.

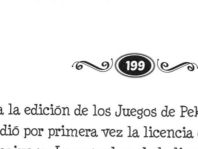

199

Para la edición de los Juegos de Pekín 2008, el COI concedió por primera vez la licencia oficial para hacer un videojuego. La poseedora de la licencia fue Nintendo que, junto con Sega, desarrolló *Mario & Sonic en los Juegos Olímpicos* para las consolas Nintendo Wii y Nintendo DS.

200

En Barcelona 1992, España ganó la final de fútbol ante Polonia por 3-2, con un gol en el último minuto.

201

El boxeador mexicano Ricardo Delgado Ulloa fue ganador de la medalla de oro en México 1968. Era conocido en los cuadriláteros como "el Picoso", ya que se enfadaba ante cualquier insinuación.

202

Solo una vez en la historia de los Juegos Olímpicos hubo pruebas motorizadas. Fue en Londres 1908, con tres competiciones de bote con motores de diversos tamaños.

203

En Tokio 1964, los japoneses crearon una computadora que podía registrar los tiempos de los atletas y distribuir los datos a la prensa. Significó un gran avance tecnológico.

204

Durante los Juegos de Berlín 1936, Adolf Hitler le pidió a la cineasta alemana Leni Riefenstahl que filmara un documental. *Olympia, los Dioses del estadio* fue la primera película documental sobre las Olimpiadas.

205

En Amberes 1920, los hermanos italianos Nedo y Aldo Nadi disputaron entre sí la medalla de oro en la prueba de esgrima. El ganador fue Nedo. Poco después, Aldo consiguió trabajo en Hollywood: se dedicó a instruir a las estrellas de cine que tenían que luchar con espadas.

206

Helsinki es la ciudad más pequeña que albergó una Olimpiada.

207

El ejército de China plantó más de 500.000 árboles en Mongolia Interior. Su objetivo era mejorar el aire para los Juegos de 2008.

208

Para la ceremonia de clausura de Londres 2012 se invitó a Keith Moon, baterista del grupo de rock *The Who* . . . fallecido en 1978.

209

El argentino Delfo Cabrera ganó el maratón en los Juegos de Londres 1948. Otros dos argentinos, Eusebio Guiñez y Armando Sensini estuvieron entre los diez primeros.

210

Récord de escándalo: el equipo español de disminuidos intelectuales de básquetbol ganó el oro en Sídney 2000. Pero uno de los jugadores era Carlos Ribagorda, un periodista de la revista *Capital*. Así, denunció que la mayoría de los jugadores de esa selección no tenían deficiencia intelectual y que no habían pasado ninguna prueba para confirmarlo.

211

En Los Ángeles 1932, Estados Unidos ganó la medalla de bronce en hockey sobre césped, en una competición de solo 3 equipos participantes.

212

Recién en Londres 2012 todos los países participantes contaron con, al menos, una mujer en su equipo.

213

Antes de los Juegos de Pekín 2008, China realizó experimentos para evitar la lluvia. El objetivo era que no se estropeara la ceremonia de inauguración. El proyecto consistió en lanzar cañonazos de yoduro de plata para agotar las nubes antes de la Ceremonia.

214

El primer "gol olímpico" no se dio en unos Juegos. Lo anotó el argentino Cesáreo Onzari, en el partido disputado en Buenos Aires entre la selección Argentina y la selección de Uruguay, campeona en los Juegos Olímpicos de París 1924. La victoria fue para los locales por 2 a 1.

215

El mexicano Daniel Bautista Rocha ganó el oro en marcha,
en Montreal 1976. En los meses previos fue a entrenar a
Bolivia, a 4.200 metros sobre el nivel del mar.

216

Dorando Pietri, atleta italiano, llegó al estadio liderando
el maratón de Londres 1908. Como ya no tenía fuerzas
y estaba deshidratado, cayó al suelo varias veces. El
público decidió ayudarlo a cruzar la meta. Esto le valió la
descalificación, lo cual generó el enojó de los espectadores.
Al día siguiente la reina Alejandra de Dinamarca le
entregó una copa de plata en reconocimiento al esfuerzo.

217

Se prevé que para el 2027 la mitad de las disciplinas
olímpicas habrán tocado techo, y el resto solo podrá
mejorarse en un 0,05% después de esa fecha.

218

Los nadadores estadounidenses Ryan Lochte y Michael
Phelps reconocieron que, cuando es necesario,
los nadadores orinan dentro de la piscina.

El basquetbolista estadounidense Michael Jordan ganó 2 oros. La primera en Los Ángeles 1984, cuando todavía era jugador universitario. La segunda, como profesional, con el primer *Dream Team* en Barcelona 1992.

El símbolo de bienvenida a los Juegos Olímpicos de Río de Janeiro 2016 es la torre Solar City Tower. Construida sobre la isla de Cotonduba, captura la energía solar con la que se suministrará energía a toda la Ciudad Olímpica.

La nadadora australiana Dawn Fraser ganó tres medallas de oro consecutivas en los 100 metros libres femeninos y es la primera mujer en bajar del minuto en esa especialidad. En Tokio 1964, antes de la ceremonia de clausura, fue arrestada por la policía japonesa por intentar robarse la bandera olímpica que se encontraba en el exterior del Palacio Imperial. Al ser liberada pocas horas después, el emperador Hirohito le regaló la bandera, pero la federación de su país la suspendió por diez años.

222

En la disputa de los 3.000 metros de Los Ángeles 1932, los atletas dieron una vuelta de más al estadio porque los jueces cometieron un error durante el conteo.

223

Oscar Swahn y su hijo Alfred ganaron un título olímpico al integrar el equipo suizo para la competencia de tiro al ciervo en Londres 1908. Oscar ganó otra de plata en la modalidad individual en Amberes 1920 y con 72 años se convirtió en el ganador de mayor edad en la historia de los Juegos.

224

Desde los Juegos de París 1900 hasta el de Amberes 1920, la cinchada fue considerada disciplina olímpica.

225

La costarricense Claudia Poll obtuvo la medalla de oro en los 200 metros libres de Atlanta 1996. Pero luego fue investigada por la comisión de mercadeo por llevar el logo de *Pepsi* en su camiseta. El principal auspiciante de los juegos de Atlanta era *Coca Cola*.

En Montreal 1976, el nadador soviético Sergei Nemantsov desapareció de la Villa Olímpica. Se dice que el atleta se fugó para casarse con una millonaria estadounidense.

En Londres 2012, Lance Brooks, un estadounidense que compitió en lanzamiento de disco, anteriormente había sido guardia de locales nocturnos y barman.

El primer ganador de los Juegos Olímpicos de la Antigua Grecia, fue Corebo de Élide, que venció en una de las carreras a pie en honor al dios Zeus.

En Atlanta 1996, el maratonista afgano Abdul Baser Wasiqi llegó último y marcó un registro de 4 horas, 24 minutos y 17 segundos. Cuando Abdul alcanzó la meta, los espectadores ya se habían ido del estadio.

230

El estadounidense William Dillard obtuvo 4 medallas de oro en los Juegos de Londres 1948 y Helsinki 1952. Es el único atleta en la historia que ha sido campeón olímpico de 100 metros planos y 110 metros vallas.

231

La disciplina tiro al pichón se desarrolló únicamente en París 1900. Para ello, se utilizaron pájaros vivos. Se calcula que fueron sacrificados más de 300 pájaros.

232

Duke Kahanamoku, estadounidense nacido en Hawái, introdujo el estilo *crawl* (crol) para la natación estilo libre en Estocolmo 1912. Además, es considerado "el padre del surf moderno".

233

En Roma 1960, el inglés Donald Thompson triunfó en los 50 km marcha usando zapatos de cuero acolchado.

234

El nadador estadounidense Dick Roth fue internado por apendicitis días antes de disputar los 400 metros libres en Tokio 1964. Se opuso a ser intervenido quirúrgicamente, compitió y obtuvo el oro.

235

En Moscú 1980, los primeros puestos en la prueba doble par de remo fueron para dos parejas de gemelos: ganaron los alemanes Bernd y Jorg Landvoigt y salieron segundos los soviéticos Yuri y Nicolai Pimenov.

236

Tras retirarse por lesión de Seúl 1988, el atleta Derek Anthony Redmond se sometió a ocho operaciones para llegar en forma a Barcelona 1992. A los 150 metros de la semifinal de 400 metros planos, se rompió un tendón y terminó en el piso con evidentes muestras de dolor. Pero no quiso abandonar. Se levantó y siguió dando saltos con su única pierna sana. Su padre esquivó al personal de seguridad y se ubicó a su lado. Derek rompió en llanto, se apoyó en su padre y juntos cruzaron la meta final.

237

El ex Beatle Paul McCartney cobró solo una libra (algo así como un euro y medio) por cantar en la ceremonia de inauguración de Londres 2012.

238

Récord de asistencia perfecta: solo 5 países han competido en todos los Juegos Olímpicos de Verano desde 1896: Australia, Francia, Gran Bretaña, Grecia y Suiza.

239

La carrera de los 100 metros planos de Londres 2012 fue la más rápida de la historia con todos los atletas, excepto por Asafa Powell, que lesionado, no llegó por debajo de los 10 segundos.

240

La escalada de cuerda tuvo su lugar en los Juegos Olímpicos disputados entre 1896 y 1932. La finalidad era subir una cuerda suspendida en uno de sus extremos en el menor tiempo posible, y solo podían utilizar las manos y los brazos.

En Barcelona 1992, Antonio Rebollo lanzó una flecha en llamas desde el centro del estadio para encender el pebetero. No acertó en su lanzamiento, pero el pebetero se encendió igual. Utilizaron un mecanismo electrónico que pasó inadvertido para el público.

La mascota de Montreal 1976 fue el castor *Amik.*

En Londres 1908, tres atletas de Estados Unidos y un británico disputaron la final de los 400 metros planos. En los primeros 50 metros, el estadounidense Robbins empujó al británico Hallswele. Aun así, este siguió corriendo e iba a pasar al estadounidense Carpenter cuando este último le metió el hombro y lo sacó de la pista. En esa época, las reglas del atletismo estadounidense permitían cargar con el hombro, mientras que en Europa era motivo de sanción. Entonces, un juez detuvo la carrera, se decidió descalificar a Carpenter y repetir la final. Los otros dos estadounidenses se solidarizaron con su compañero y abandonaron la competencia.

244

Récord de sofisticación tecnológica: en 1976 la llama olímpica viajó por satélite. Fue enviada desde Atenas mediante un impulso eléctrico para ser reavivada en Canadá a través de un rayo láser.

245

En Atenas 2004, para hacer las medallas se necesitaron trece kilos de oro, una tonelada de plata y otra de bronce. Fueron un poco más de tres mil medallas en total: 986 de oro, 986 de plata y 1150 de bronce.

246

Cada país que desee participar en los Juegos Olímpicos debe poseer un Comité Olímpico Nacional reconocido por el Comité Olímpico Internacional.

247

En Sídney 2000 algunos nadadores utilizaron un traje de baño de cuerpo entero. Se conocía como *fastskin*, y estaba inspirado en la piel lisa del tiburón.

248

En Múnich 1972, ocho integrantes de la organización terrorista palestina "Septiembre Negro" ingresaron a la Villa Olímpica y secuestraron a once atletas israelíes. Exigían la liberación de más de 200 palestinos presos en cárceles israelíes, así como su traslado seguro a Egipto. Después de arduas negociaciones, los terroristas fueron llevados con sus rehenes al aeropuerto de Fürstenfeldbruck. Allí, se inició un tiroteo con la policía alemana que duró 8 minutos. Murieron todos los atletas israelíes, un policía alemán y cinco terroristas.

249

El jinete canadiense Ian Millar es el deportista que ha participado en más Juegos Olímpicos: lo hizo en 10 ocasiones.

250

El antirécord: en Londres 2012, el clavadista alemán Stephan Feck pasó a la historia por su segundo salto clasificatorio desde el trampolín de tres metros. Al lanzarse, no pudo agarrar una de sus piernas para realizar una prueba. Eso lo desorientó y provocó que caiga de espaldas. Los siete jueces le dieron el mismo puntaje: o.

251

En Estocolmo 1912, las mujeres fueron admitidas también en competencias de natación. Así, la australiana Fanni Durack ganó los 100 metros de estilo libre.

252

En Estocolmo 1912 una de las especialidades fue el duelo con pistolas. Los contendientes tenían que disparar sobre unos maniquíes.

253

El malabarismo con mazas fue deporte olímpico en San Luis 1904 y en Los Ángeles 1932.

254

En Londres 2012, durante la carrera de los 100 metros libres, un hombre arrojó una botella vacía a la pista. El proyectil cayó detrás de los jamaiquinos Usain Bolt y Yohan Blake. Los atletas no se dieron cuenta. Pero la judoca holandesa Edith Bosch estaba al lado del sujeto que arrojó la botella, y le propinó un golpe en la cabeza antes de que se lo llevara la policía.

255

En Estados Unidos 1932 regía la "Ley Seca". Sin embargo, las delegaciones francesas e italianas lograron ingresar una buena cantidad de botellas de vino con el argumento "de que eran parte de la dieta de sus deportistas".

256

El marchista mexicano Eder Sánchez terminó sexto en la competencia de 20 km de Londres 2012. Luego de la competencia, declaró que su rendimiento fue bajo por la pésima calidad de su short.

257

En Melbourne 1956, el atleta australiano Ron Clark se quemó parcialmente un brazo al encender la llama olímpica y no pudo tomar parte en la competencia.

258

Jacobo Fitz-James Stuart y Falcó ganó la medalla de plata con el equipo de polo en Amberes 1920. Él era el XVII duque de Alba y padre de la famosa y ya fallecida duquesa de Alba.

259

La atleta francesa Micheline Ostermeyer obtuvo tres medallas en Londres 1948, en las pruebas de lanzamiento de peso y de disco y en la de salto de altura.

260

En París 1924, se realizaron competencias de bellas artes. Pierre de Coubertin, bajo un seudónimo, ganó una medalla de oro en poesía por el poema *Oda al deporte*.

261

En las Paralimpiadas de Tokio de 1964 se utilizó por primera vez una bandera, un cartel y un himno paralímpico.

262

Lasse Viren era apodado "El finlandés volador". Obtuvo 4 medallas doradas: en Múnich 1972 y en Montreal 1976 triunfó en las pruebas de 10.000 metros y 5.000 metros, con nuevos récords mundiales. Pero había una fuerte sospecha sobre el corredor. Se decía que Viren se sometía a transfusiones de su propia sangre, práctica que recién fue prohibida en 1985. Entonces, con la sangre totalmente oxigenada, era imparable para sus oponentes.

263

En San Luis 1904, la prueba de waterpolo se celebró en un lago infectado de bacterias. En el trascurso de un año, cuatro de los jugadores del equipo ganador de Estados Unidos murieron de tifus.

264

El estadounidense Alfred Adolf *Al* Oerter Jr. obtuvo medallas de oro en lanzamiento de disco en los Juegos de 1956, 1960 y 1964. La competencia de Tokio 1964 fue especial: asistió a la cita olímpica muy lastimado, con un brazo desgarrado y vendado, y una lesión de espalda que lo obligaba a llevar un collar ortopédico. En la final, viendo que ganaba el checo Ludvik Danek, se quitó el aparato ortopédico y con dolores inmensos, consiguió la medalla de oro.

265

La costumbre de soltar palomas durante la ceremonia de inauguración como una señal de paz terminó en Seúl 1988. Luego de ser soltadas, algunas se posaron sobre la estructura que formaba la antorcha olímpica justo cuando era encendida y murieron calcinadas.

En Los Ángeles 1932, el sueco Ivar Johansson ganó 3 medallas en lucha libre.

En Atenas 1896 una mujer griega, llamada Stamis Rovithi, pidió permiso para correr el maratón junto con los hombres, pero le dijeron que no. Sin embargo, ella salió detrás de ellos. Fue por un recorrido paralelo para no entorpecer a los atletas, y paró solo para beber un vaso de agua. Cuando llegó a las puertas del estadio, ya completamente vacío, le prohibieron entrar.

En Londres 2012, la coreana Shin Lam estuvo sentada más de una hora en la pista. No quería reconocer la derrota en esgrima ante la alemana Britta Heidemann.

Las mascotas de Pekín 2008 eran 5. Cuatro de ellas representaban a los animales más populares de China: el pez, el oso panda, el antílope tibetano y la golondrina. La quinta hacía alusión a la llama olímpica.

270

Las deportistas de nado sincronizado fijan su cabello con gelatina de cola de pescado. El peinado queda tan compacto que pueden realizar su rutina sin contratiempos de cabellera.

271

En el pentatlón moderno de Estocolmo 1912, el quinto puesto fue para el entonces teniente estadounidense George Patton, quien más tarde sería general en la Segunda Guerra Mundial. Su peor resultado fue en tiro.

272

El cubano Alberto Juantorena es el único atleta que ganó las pruebas de 400 y 800 metros planos en los mismos Juegos. Lo hizo en Montreal 1976, donde lo apodaron "el Caballo" por su potencia física.

273

En Barcelona 1992, el boxeador iraní Ali Kazemi fue descalificado por olvidarse los guantes de boxeo.

274

Un granjero chino recorrió 60 mil kilómetros en *rickshaw*, un carro impulsado a pedal. Quería expandir el espíritu olímpico y llegar a los Juegos de Londres 2012.

275

En Roma 1960, el equipo de pentatlón de Túnez tuvo algunos problemas. En primer lugar, sus tres participantes cayeron de sus caballos en la prueba de salto. Luego, fueron descalificados de la competencia de tiro por disparar muy cerca de los jueces. Además, uno de ellos casi se ahoga durante la competencia de natación. Como frutilla del postre, solo uno sabía de esgrima, por lo que se puso la careta y se hizo pasar por sus otros compañeros. Fue descubierto, y el equipo fue nuevamente descalificado.

276

Récord de pérdidas: la organización de las Olimpiadas de Atenas 2004 costó alrededor de 14 mil millones de dólares. Debido a la poca o nula participación de la iniciativa privada, solo se recuperaron 2 mil millones.

277

En Londres 2012, la madre de la pesista tailandesa Pimsiri Sirikaew prometió llevar el hábito de monja si su hija ganaba la competencia. Pimsiri salió segunda, pero su progenitora decidió cumplir su promesa. Pasó nueve días en un templo budista con los hábitos y actividades de un monje.

278

El mexicano Fernando Platas obtuvo una medalla de plata en Sídney 2000, en la especialidad de trampolín de 3 metros individual. Licenciado en Administración de Empresas, contó que mientras estudiaba una vez entregó tarde un trabajo y su profesor le dijo: "Ojalá que no entrene así".

279

En Pekín 2008, las medallas tenían incrustaciones de jade, como muestra de respeto a los atletas. Este mineral tiene un fuerte simbolismo en la cultura china.

280

Las mujeres pudieron disputar por primera vez las pruebas de atletismo en Ámsterdam 1928.

 **281**

El voleibol de playa no se juega propiamente sobre arena de playa. Se trata de un material sintético que simula la arena natural y que no se adhiere en la piel.

 **282**

En 1859 el griego Evangelos Zappas intentó realizar los Juegos Olímpicos modernos, pero fracasó por su escasa participación y relevancia.

 **283**

La tradición de la antorcha olímpica dice que es el mismo fuego que ha estado ardiendo durante siglos. En todos los Juegos hay "respaldos" de este fuego, por si algo llega a suceder con la antorcha original. Justamente, en Montreal 1976, una fuerte lluvia extinguió la antorcha. Como ese día no había eventos en el estadio olímpico, permaneció apagada hasta que alguien sacó de su bolsillo un encendedor y volvió a encenderlo. Cuando las autoridades se percataron, apagaron la llama "pirata" y volvieron a encender la antorcha con el fuego "verdadero" que tenían guardado. (En verdad, ¿quién se habría dado cuenta de que había un fuego "no olímpico"?)

Récord de inventiva: Dick Fosbury fue campeón de salto en alto en México 1968. Se hizo famoso por utilizar una nueva técnica para saltar: de espaldas.

El 19% de la población mundial que está representada en los Juegos Olímpicos se lleva el 92% de las medallas olímpicas.

La ciudad de México superó ampliamente a Buenos Aires, Detroit y Lyon en la votación para la realización de los Juegos de 1968.

En Tokio 1964, nadie creía que el estadounidense Billy Mills podría ganar la carrera de los 10.000 metros. Tan poca fe le tenían, que cuando solicitó a su equipo un par de zapatos oficiales para competir, se los negaron argumentándole que solo eran para ganadores potenciales. Finalmente, Billy ganó, mejoró su marca personal por 46 segundos y se llevó el oro.

288

La esgrima es el único deporte olímpico de procedencia española. Nació como deporte a fines del siglo XIX, cuando los duelos fueron prohibidos.

289

Un estudio psicológico realizado en los Juegos de Barcelona 1992 explicó que aquellos atletas que ganan la medalla de bronce están más satisfechos que los que logran la de plata.

290

En Londres 2012 y por primera vez en la historia de los Juegos, los ganadores del oro en tenis dobles tanto en masculino como en femenino fueron parejas de hermanos. Fueron los gemelos Mike y Bob Bryan, y las hermanas Serena y Venus Williams, todos estadounidenses.

291

En Los Ángeles 1932, el ciclista italiano Ebelardo Pavesi cambió la comida habitual de la prueba de 100 km en ruta (fruta y verduras) por un plato de espagueti, que comía mientras pedaleaba. Pavesi ganó la competencia.

292

Récord lamentable: en la apertura de San Luis 1904 tuvo lugar una competencia llamada "Días Antropológicos". Era para personas que representaban, según los organizadores, a razas inferiores: negros, aborígenes, mestizos, judíos y enanos. Decían que las mejores razas siempre serían superiores, entonces organizaron una competición paralela.

293

Según la CNN, el atleta jamaiquino Yohan Blake come 16 plátanos maduros cada 24 horas.

294

Durante los primeros Juegos Paralímpicos de Roma 1960, el papa Juan XXIII recibió a todos los deportistas en una audiencia privada.

295

La deportista ecuatoriana María Alexandra Escobar, especialista en levantamiento de pesas, sufrió un percance mientras competía en el estadio Excel de Londres. La prueba le exigía levantar 127 kilos y, al realizar semejante fuerza, no pudo contener su vejiga.

Si el nadador Michael Phelps fuera un país, estaría en el puesto N° 40 del medallero histórico de los Juegos.

Al finalizar Sídney 2000, el equipo australiano festejó con una hoguera. Quemaron una gran cantidad de muebles procedentes de la Villa Olímpica.

En Múnich 1972, el nadador estadounidense Mark Spitz obtuvo 7 medallas de oro. Uno de sus rasgos característicos era su bigote. Le comentó al entrenador del equipo ruso: "lo dejo, porque aleja el agua de mi boca y nado mejor".

En Londres 2012, Mark Worsfold decidió ir a ver una prueba de ciclismo, pero fue arrestado por "no sonreír lo suficiente". La policía le cuestionó al espectador el hecho de que parecía no estar disfrutando el evento. Pero Worsfold no sonreía porque sus músculos estaban afectados por el mal de Parkinson. Cuando lo supieron, los policías lo dejaron en libertad y le ofrecieron una disculpa.

300

La ceremonia de apertura de México 1968 contó con 2.000 mariachis que entonaron: *"A dónde irá veloz y fatigada la golondrina . . . "*.

301

En Roma 1960, Surinam envió su primera representación, formada por un solo atleta: Wim Essajas. Este tenía que correr los 800 metros planos, pero no participó por quedarse dormido.

302

En Múnich 1972, se homenajearon a las víctimas del campo de concentración de Dachau en la Segunda Guerra Mundial.

303

La clavadista china Wu Minxia ganó el oro en Londres 2012. Inmediatamente después del triunfo, su familia le confesó que sus abuelos habían muerto un año antes. Y que su mamá había estado luchando contra el cáncer de mama desde hace varios años. Habían decidido no contárselo antes para que no se distrajera de su objetivo de ganar.

304

El remero estadounidense John Brendan Kelly ganó el oro en las pruebas de *single y doble sculls* en Amberes 1920. Semanas antes, no lo habían dejado participar en una regata en Londres, por ser albañil y considerarlo un plebeyo.

305

En Londres 2012, los británicos lograron en ciclismo 7 medallas de oro sobre un total de 10 competencias.

306

Argentina cuenta con los dos primeros expulsados de la historia del Comité Olímpico Internacional. El primero fue José Zubiaur, quien fue removido de su cargo porque jamás asistió a una reunión del Comité. El segundo fue Manuel Quintana. Pierre de Coubertin, se enojó porque se utilizó el nombre de Juegos sin su autorización.

307

Todas las cerraduras del Estadio de Wembley, la sede de las finales de fútbol de Londres 2012, fueron cambiadas porque la policía responsable de la seguridad perdió las llaves.

308

En París 1900 el francés Michel Theato, quien trabajaba como repartidor de una panadería parisina, ganó la prueba de maratón. Sus conocimientos sobre las calles y senderos de la capital, le fueron muy útiles.

309

En Londres 1908 un equipo de la policía británica ganó el oro en la cinchada o juego de la soga. Sus competidores estadounidenses protestaron, pues según ellos, los policías compitieron con unos zapatos muy pesados que solo con gran esfuerzo podían levantar sus pies del suelo.

310

Los deportistas con discapacidad intelectual participaron por primera vez en los Juegos Paralímpicos de Atlanta 1996.

311

La *olimpíada* es el período de cuatro años entre unos Juegos y otros. Sin embargo, en la actualidad se utiliza este término para designar a los propios Juegos.

En Ámsterdam 1928, la estadounidense Elizabeth *Betty* Robinson fue la primera campeona olímpica de los 100 metros planos femeninos. Tenía solo 16 años de edad. En 1931, sufrió un accidente aéreo, estuvo siete meses en coma y más de un año sin poder caminar. Pero se recuperó y en 1936 participó de los Juegos como parte del equipo de relevos 4x100 metros. Junto a sus compañeras, ganó un nuevo oro.

Para los Juegos de Londres 2012 todos los caballos que participaban debían tener un pasaporte que los identifique.

Una de las reglas de la prueba de maratón dice que debe haber puestos de hidratación cada 5 kilómetros. Los competidores no pueden recibir bebidas fuera de estos puestos, pero sí pueden ser provistos de sus propias bebidas.

En el maratón de Estocolmo 1912, 34 de los 69 competidores no llegaron a la meta como consecuencia del sofocante clima.

316

En Pekín 2008 el pesista húngaro Janos Baranyai intentó levantar 148 kilos. Una mala posición de sus manos le provocó que el brazo se le venciera hacia atrás. Eso le desarticuló el húmero y el radio y le dislocó el codo. Su brazo quedó colgando literalmente. La recuperación exigió una operación compleja y dos años de rehabilitación.

317

En San Luis 1904, los estadounidenses ganaron 24 de las 25 pruebas atléticas. (Por lo menos dejaron una para otro país.)

318

En Londres 2012 el jeque qatarí Nasser Al Attiyah se convirtió en el tercer medallista olímpico en la historia de su país al ganar el bronce en tiro.

319

El boxeador argentino Pascual Pérez ganó la medalla de oro en Londres 1948. Fue campeón mundial desde 1954 hasta 1960, convirtiéndose en el único argentino en alcanzar ambos logros. Pascual Pérez medía 1,52 de altura.

320

El esgrimista italiano Edoardo Mangiarotti conquistó 6 medallas de oro, 5 de plata y 2 de bronce entre Berlín 1936 y Roma 1960. Su padre, Giuseppe Mangiarotti, le enseñó a empuñar la espada con la mano izquierda para sorprender a los adversarios en los duelos.

321

En Noruega el deportista que logra un oro olímpico es premiado con un sueldo vitalicio de 4.000 euros mensuales.

322

El COI cataloga la gimnasia rítmica como deporte exclusivamente femenino, al igual que el *kickingball* (deporte similar al béisbol) y el nado sincronizado.

323

Vladimir Klitschko obtuvo su medalla de oro en boxeo en Atlanta 1996, cuando Ucrania participaba por primera vez como nación independiente. El boxeador subastó su medalla para crear la Klitschko Brothers Foundation, una fundación que ayuda a que los niños se acerquen al deporte.

324

En Londres 2012, Colombia tuvo su mejor actuación. En total, ganó 8 medallas y logró su segundo oro olímpico.

325

En Atenas 1896, el maratonista italiano Carlo Airoldi decidió ir caminando desde Milán hasta Atenas para competir en los primeros Juegos de la modernidad. Caminó unos 70 kilómetros diarios hasta llegar a la sede olímpica. Allí se le informó que como había recibido un premio por ganar una carrera de Milán a Barcelona años atrás, ya no calificaba como atleta amateur.

326

Si en plena carrera de marcha o caminata atlética las dos piernas dejan de tocar el piso, el atleta queda descalificado. En Helsinki 1952, debió pasarles a Fritz Schwab y Bruno Junk, plata y bronce respectivamente. Pero las reglas también dicen que solo puede ser descalificado durante el curso de la competencia. Cuando las autoridades se les acercaron para anunciar su descalificación, ellos se apuraron para cruzar la línea final y llegar a la meta.

En Montreal 1976, el estudiante Michel LeDuc invadió el estadio olímpico y desfiló desnudo. Enseguida fue detenido.

En 1988, Polin Belisle utilizó una falsa historia sobre su supuesto récord de tiempos en maratón para que lo admitiera el equipo olímpico de Belice. Logró participar, pero terminó una hora después que el ganador.

En 338 a.C. se descubrió que el boxeador Eupolus de Tesalia había sobornado a tres rivales para que se dejaran vencer. El tramposo fue castigado con una fuerte multa en dinero.

En el 2012, investigadores británicos crearon y fotografiaron una estructura molecular con la forma del símbolo de los Juegos Olímpicos. Se logró gracias a una combinación química sintética inteligente y a técnicas de imagen. Ofrece un gran potencial para la generación de células solares de alta tecnología y fuentes de iluminación, como los LED.

331

El clavadista mexicano Juan Botella Medina empezó
a nadar cuando tenía solo 3 años, y a los 5, comenzó a
practicar los clavados desde el trampolín. En Roma 1960,
ganó la medalla de bronce.

332

En Pekín 2008, el boxeador estadounidense Gary Russell Jr.
arribó a China con exceso de peso, por lo que se impuso un
durísimo ayuno de alimentos y líquidos. El día del pesaje
oficial, uno de sus compañeros lo encontró desmayado en
su cuarto. No pudo competir.

333

En Sídney 2000, el ucraniano Denys Yurchenko realizó su
salto con garrocha, pero al caer, fue alcanzado por la vara,
que también caía. Esta le cortó el músculo de la ingle y
tuvo que ser internado en el hospital. Pasó dos meses en
rehabilitación para poder volver a las competencias.

334

En Londres 2012, la esgrimista tunecina Inés Boubakri
compitió con su *iPhone* en su bolsillo.

No existen los atletas "exolímpicos". Los deportistas que hayan participado en unos Juegos son olímpicos toda su vida.

El nadador estadounidense Ryan Lochte, ganador de 11 medallas, declaró que le encanta la comida chatarra. Se tuvo que acostumbrar a la idea de consumir un desayuno a base de frutas, avena y huevos revueltos.

Un día de entrenamiento típico de Travis Stevens, judoka olímpico estadounidense: 7 a 8:30 am, pesas. 9 a 10:30 am, judo. 11 a 11:30 am, carrera. 2 a 3 pm, trote. 6:30 a 8 pm, judo. 10-11 pm, carrera.

Estudios científicos han demostrado que el sueño puede mejorar el rendimiento deportivo. La mayoría de los atletas olímpicos tienen el objetivo de dormir 10 horas para que sus músculos para que se recuperen.

A la remera Debora Oakley le llevó solo 4 años mudarse de Puebla a México, buscar empleo, entrenar por las tardes y participar en los Juegos de Londres 2012.

El triatleta británico y medallista olímpico Jonny Brownlee entrenaba 35 horas semanales.

Para Los Ángeles 1984, McDonald's lanzó la campaña: "Si Estados Unidos gana, tú ganas". Repartía tickets con raspadita para un determinado evento y si Estados Unidos ganaba esa competencia, la compañía regalaba una hamburguesa. EE.UU. ganó 83 medallas de oro, 50 más de las que estaban planeadas, y McDonald's tuvo que regalar casi el doble de los *BigMacs* planeados. Este desastre económico es tan famoso que hasta fue parodiado en *Los Simpsons*.

En Sídney 2000 las mascotas de los Juegos fueron tres: el ornitorrinco *Syd*, el pájaro kookaburra *Olly* y un equidna llamado *Millie*.

343

El triunfo mexicano por 2-1 contra Brasil en la final olímpica de fútbol de 2012 es la victoria más importante en la historia de fútbol de México.

344

En Londres 2012, el portal de videos *YouTube* transmitió por primera vez en vivo las justas olímpicas.

345

Las pelotas de bádminton se llaman volantes, plumillas o moscas. Las mejores, que son utilizadas en Juegos y otras competencias internacionales, son las que están hechas con plumas del ala izquierda de un ganso.

346

El estadounidense Anthony Hembrick fue uno de los voluntarios encargados de controlar la hora de llegada de los boxeadores al ring en Atlanta 1996. Paradójicamente, él había sido convocado para participar en Seúl 1988, pero no pudo competir por haber llegado con retraso.

347

Walter Winans ganó una medalla de oro en tiro en los Juegos de 1908. Cuatro años después, se quedó con una medalla de plata. También obtuvo una medalla de oro en el primer concurso de escultura, en Estocolmo 1912.

348

La estadounidense Marla Runyan fue ganadora de 6 títulos Paralímpicos entre 1992 y 1996. En Sídney 2000, se convirtió en la primera atleta no vidente en participar en unos Juegos con deportistas sin discapacidades.

349

La atleta mongola Luvsanlkhündegiin Otgonbayar ostenta el mayor tiempo en completar un maratón en la historia de los Juegos. En Atenas 2004, tardó 3 horas y 48 minutos.

350

En San Luis 1904, George Eyser ganó 6 medallas en gimnasia, pese a tener una prótesis de madera en una de sus piernas.

En 1969 el atleta etíope Abebe Bikila sufrió un grave accidente con el coche que el gobierno de su país le había obsequiado por su victoria en el maratón de Tokio 1964. El siniestro lo dejó parapléjico, y no pudo correr nunca más.

La británica Paula Radcliffe era la gran favorita para ganar el maratón de Atenas 2004. Pero en plena carrera, al ver que estaba siendo superada por corredoras potencialmente inferiores a ella, se sentó a llorar en la acera. Y no ganó.

En Múnich 1972 coincidieron dos deportistas extremos: el luchador estadounidense Chris Taylor, de 186 kilos, y el basquetbolista Tom Burleson, con 2,18 metros de altura.

Alexander Karelin fue abanderado en 3 Juegos consecutivos, pero con 3 banderas diferentes. En Seúl 1988, compitió con la Unión Soviética; en Barcelona 1992, con la Comunidad de Estados Independientes (CEI); y en Atlanta 1996, con Rusia.

355

En Atlanta 1996, solo tres segundos separaron al ganador de
un maratón, el sudafricano Josia Thugwane, del segundo,
el coreano Lee Bong-ju.

356

En Barcelona 1992, el británico Linford Christie de 32 años
se convirtió en el atleta olímpico más veterano en obtener
el oro en la prueba de los 100 metros.

357

En Londres 2012, Wojdan Ali Seraj Abdulrahim
Shaherkani se convirtió en la primera mujer saudí en
competir en unos Juegos. Días después, su compatriota
Sarah Attar fue la primera en competir en atletismo.
De esta manera, por primera vez, todos los países
miembros del Comité Olímpico Internacional tuvieron
representantes mujeres en los Juegos.

358

La estadounidense Marjorie Gestring venció en la prueba de
saltos ornamentales de Berlín 1936 con solo 13 años.

359

Un bar canadiense ofrecía un 50% de descuento a sus clientes a la hora en que Mike Strange disputaba cada uno de sus combates en los Juegos de Atlanta 1996. El boxeador de peso ligero era el dueño del bar.

360

El británico Andy Murray perdió la final del Grand Slam de Wimbledon 2012 contra Roger Federer. Pero en los Juegos de Londres, apenas un mes después, derrotó al suizo y se quedó con la medalla de oro del tenis olímpico.

361

En Barcelona 1992, la china Zhang Shan ganó la prueba de tiro al plato: le pegó a 373 platos de 375. En la final, todos sus rivales eran hombres.

362

A los 22 años de edad, la tiradora con arco neozelandesa Neroli Fairhall sufrió un severo accidente en motocicleta que la dejó en silla de ruedas. En Los Ángeles 1984, Fairhall se convirtió en la primera atleta parapléjica en participar en un evento olímpico.

363

El mexicano Carlos Girón fue despojado de una medalla
de oro en Moscú 1980. El clavadista local Alexander
Portnov falló su último clavado mientras peleaba con
Girón el primer puesto. Pero argumentó que había mucho
ruido en una piscina cercana y exigió que lo dejaran repetir
el clavado. Algunos jueces cedieron a la presión local, y en
un segundo intento, Portnov no falló y se quedó con el oro.

364

La china Deng Yaping, con su 1,50 metros de altura,
conquistó la medalla de oro en simples y dobles en tenis
de mesa, en Barcelona 1992 y Atlanta 1996.

365

La nadadora estadounidense Janet Evans ganó 4 medallas
de oro entre 1988 y 1992. Tras 16 años de retiro y con 40
años, decidió competir en Londres 2012. No logró clasificar.

366

El británico Jason Queally ganó la competencia de
ciclismo en pista en Sídney 2000. Se inició en la
práctica de este deporte cuando ya tenía 25 años de edad.

367

En Barcelona 1992, en las semifinales de 200 metros, el estadounidense Mike Marsh logró una marca de 19,73, a una sola centésima del récord mundial establecido en 1979 por el italiano Pietro Menea. Sin saber su tiempo, Marsh bajó el ritmo en los últimos metros y frustró la nueva marca. Luego, en la final, ganó el oro, pero se quedó sin récord.

368

El canadiense Gerald Ouellette conquistó la medalla de oro en la prueba de carabina en posición tendida en Melbourne 1956. Tuvo un desempeño perfecto, ya que acertó los 60 tiros en el centro del blanco.

369

Cuatro maratones en los que la llegada estuvo a mayor altura respecto del nivel del mar que la salida: Atenas 1896, con 50 metros de diferencia; México 1968, con 62; Los Ángeles 1984, con 5 y Barcelona 1992, con 87.

370

En un partido olímpico de tenis de mesa, la velocidad de la pelota puede superar los 100 kilómetros por hora.

En Londres 2012, un deportista olímpico estadounidense cobraba 25 mil dólares si lograba medalla de oro, 15 mil si obtenía la de plata y 10 mil si ganaba la de bronce. Si no ganaba o tenía un patrocinador, no cobraba nada.

Los Juegos Mundiales son un evento multideportivo que se realiza cada 4 años. Forman parte de estos aquellas disciplinas que no están incluidas en los Juegos Olímpicos, como: baile deportivo, billar, sumo, bolos, gimnasia acrobática escalada, esquí náutico, balón mano de playa.

Según la creencia popular, la gimnasta rumana Nadia Comaneci usó una canción titulada *Tema de Nadia* para su rutina de los Juegos de 1976. En realidad, la canción se llamaba *Cotton's Dream* y formaba parte de la banda sonora de la película *Bendice a los animales y a los niños*, estrenada en 1971. La popularidad que alcanzó el tema tras el triunfo de Comaneci provocó que sus autores le cambiaran el nombre por . . . *Tema de Nadia*.

374

El origen del pentatlón moderno está ligado al militarismo. En la Antigua Grecia, los espartanos utilizaban esta especialidad para seleccionar a los soldados más completos y versátiles.

375

En Atenas 1896, el dinamarqués Viggo Jensen ganó la medalla de oro en pesas gracias a una polémica decisión. Había empatado con el británico Launceston Elliot. Pero los jueces eligieron vencedor a Jensen, porque "su estilo para levantar era mejor que el de su oponente".

376

Récord familiar: en Tokio 1964, tres de los hermanos Pettersson llevaron medallas a casa. Gösta, Erik y Sture ganaron la de bronce en la prueba contrarreloj de ciclismo.

377

En Barcelona 1992, el atleta estadounidense Kevin Young batió el récord mundial de 400 metros con vallas en 46,78 segundos.

La tenista Charlotte Cooper fue la primera mujer que ganó
una competencia olímpica. Fue en los Juegos de París 1900.

Wilma Rudolph nació en 1940 y de niña padeció
poliomielitis, enfermedad que le dejó una pierna paralizada
durante muchos años. Pudo recuperarse, y gracias a su
esfuerzo se convirtió en la primera atleta estadounidense
en ganar tres medallas de oro en un mismo Juego.

La inauguración de Londres 2012 tuvo una audiencia de
alrededor de 900 millones de personas. El número fue
menor a los mil millones de espectadores de Pekín en
2008. (Bueno, millón más millón menos, no es para tanto.)

En Ámsterdam 1928, la italiana Luigina Giabotti se convirtió
en la medallista más joven de la historia de los Juegos
Olímpicos. Ganó la medalla de plata en gimnasia con solo 11
años y 302 días. Hoy no se puede batir ese récord, ya que para
competir hay que tener, como mínimo, 16 años.

382

El jugador húngaro de waterpolo Dezsö Gyarmati participó
en cinco ediciones de los Juegos entre 1948 y 1964, y ayudó
a sus compatriotas a conquistar tres medallas de oro, una
de plata y una bronce. Luego, fue el técnico de Hungría, y
consiguió el oro en Montreal 1976. En 1952, Dezsö se casó
con la nadadora Eva Szekely, campeona olímpica en los
200 metros espalda en Helsinki 1952. De esta unión, nació
Andrea Gyarmati, que en Múnich 1972, como nadadora,
sumó dos medallas: plata en los 100 metros espalda y
bronce en los 100 metros mariposa. Andrea se casó con
Mihály Hesz, dueño de dos medallas olímpicas más, pero
en canotaje.

383

Una investigación de la Universidad del Oeste de Australia
revelo que el asma y la hiperreactividad de las vías
respiratorias son las dolencias crónicas que más padecen
los deportistas olímpicos.

384

El primer campeón olímpico de voleibol que también
conquistó el oro en el voleibol de playa es Charles
Frederick Kiraly, conocido como *Karch Kiraly*.

385

En Río de Janeiro 2016 compiten atletas de más de doscientos países en 39 modalidades.

386

El sudafricano Oscar Pistorius nació sin peroné en ambas piernas, debido a una malformación degenerativa que lo destinaba a vivir en una silla de ruedas. A los once meses de edad, sus padres decidieron eliminar el problema, amputarle sus piernas y colocarle dos prótesis. Compitió en las Paralimpiadas de Atenas 2004 y Pekín 2008, en las que consiguió medallas y récords mundiales. Luego, participó en las Paralimpiadas de Londres 2012 y en los Juegos de ese mismo año. Nunca se había dado que un mismo atleta participara en ambas competiciones olímpicas.

387

Mientras transcurrían los Juegos Olímpicos de Londres 2012, en otra ciudad una olimpiada de robots deportivos: la Copa FIRA RoboWorld. Un total de 26 equipos, conformados por máquinas provenientes de todo el mundo, compitieron en disciplinas como fútbol, básquetbol y levantamiento de pesas.

Susi Susanti y su novio Allan Budi Kusuma, ambos de Indonesia, ganaron el oro en bádminton individual femenino y masculino en Barcelona 1992. Así, se convirtieron en los primeros podios para ese país.

El maratón olímpico de Melbourne 1956 tuvo una falsa largada. El encargado de disparar el revolver se demoró y los corredores no aguantaron demasiado, por lo que se lanzaron a correr. Debieron volver y esperar la orden de salida.

En Roma 1960, el desempate entre Kenia y Gran Bretaña en hockey duró 127 minutos. Los británicos vencieron 2 a 1.

En París 1900, los hermanos Laurence y Reginald Doherty debían enfrentarse en la semifinal de tenis. Pero Reginald, el mayor, se negó a jugar contra su hermano. Así, permitió que Laurence llegara a la final y conquistara el oro.

392

La gimnasia rítmica cuenta con cinco elementos para las presentaciones: cuerda, aro, pelota, maza (o clava) y cinta. Pero solo cuatro pueden ser escogidos para la disputa.

393

En Múnich 1972, el estudiante Norbert Sudhaus se metió en el tramo final del maratón, con un uniforme y un número cualquiera. Para el público, el joven alemán iba a ser el ganador. Pero cuando la seguridad se dio cuenta, se lo llevaron. Segundos después, Frank Shorter, el verdadero ganador, entró después de Norbert y se sintió confundido porque la gente lo abucheaba. El público creía que el impostor era el merecedor de la medalla.

394

La jugadora argentina de hockey Luciana Aymar ganó 4 medallas olímpicas: 2 de plata (Sídney 2000 y Londres 2012) y 2 de bronce (Atenas 2004 y Pekín 2008).

395

Kenia ha ganado todas las medallas de oro olímpicas de los 3.000 metros con obstáculos desde 1984.

396

En los primeros Juegos Olímpicos de la era moderna, ya había tramposos. Luego de que llegaran los 3 primeros atletas a la meta del maratón, arribó en cuarto lugar el húngaro Gyula Kellner. Kellner denunció que el local Spiridon Belokas, que había llegado tercero, se había subido a un carro tirado por caballos para cubrir una importante porción del trayecto. El griego, arrepentido, confesó la estafa y fue descalificado.

397

Récord de caballerosidad, entre mujeres: en Montreal 1976, en la prueba de tiro con rifle, las estadounidenses Lanny Bassham y Margaret Murdock habían empatado en el primer puesto. Tras analizar las dianas, los jueces decidieron que Bassham había sido ligeramente mejor y le concedieron el oro. Ella pensó que la decisión de los jueces se había basado en un tecnicismo absurdo. Por eso, en la ceremonia de entrega de medallas, Bassham subió a Murdock a la plataforma del oro y la abrazó mientras escuchaban el himno nacional.

398

El esgrimista húngaro Aladár Gerevich obtuvo su primera medalla de oro a los 22 años de edad. La última, a los 50.

Emil Zatopek conoció a Dana Ingrova mientras cumplía con su servicio militar en el desaparecido país de Checoslovaquia. Ambos participaron en los Juegos de 1948 y consiguieron medallas de oro. Dana llevaba como amuleto la medalla de oro de Emil. Luego de los Juegos se casaron.

A pesar de ser el país con mayor número de trofeos en Copas del Mundo (cinco), Brasil nunca obtuvo el oro olímpico en fútbol. La selección brasileña disputó las finales de los Juegos en 1984, en 1988, y en 2012. Las perdió, respectivamente, con Francia, la Unión Soviética y México.

Un deporte que ya no figura en los Juegos son las carreras de *cross*. Esto es debido a lo que ocurrió en la organizada en París 1924. Aunque la distancia era de 10.000 metros, el día de la competición coincidió con uno de los más calurosos del año en Francia, con temperaturas de 40°C. Unido a esto, los corredores tenían que cruzar al lado de una central térmica que emitía gases venenosos. Así, los participantes que llegaron, lo hicieron mareados y desorientados.

402

Durante décadas, los deportistas de Irak sufrieron la brutalidad de Uday Hussein, hijo de Sadam, histórico dictador de ese país. Tras una derrota, los sótanos del Comité Olímpico se convertían en una sala de tortura.

403

La final de rugby entre Francia e Inglaterra fue el evento con mayor público en París 1900. Asistieron 6 mil personas.

404

Jeff Float participó en los Juegos de Los Ángeles 1984 como parte del equipo olímpico estadounidense de nado. El nadador, que tenía una fuerte disminución auditiva como secuela de una meningitis, obtuvo una medalla de oro en la categoría de 4x200 metros estilo libre.

405

Según estudios hechos en pruebas de atletismo, la velocidad del sonido hace que los atletas que se encuentran más separados del juez que dispara reciban la señal con unas milésimas de retraso.

Jason Statham, actor de películas como *El Transportador* y *Rápidos y Furiosos 7*, fue parte del equipo inglés de Saltos Ornamentales para los Juegos de Barcelona 1992.

El pesista estadounidense Charles Vinci casi queda afuera de la competición de Melbourne 1956 por problemas de peso. Una hora antes del pesaje oficial, estaba 680 gramos arriba del límite de la categoría gallo. Tras correr toda esa hora, Vinci volvió a la balanza y tenía 212 gramos de exceso. A un paso de quedar fuera de la disputa, tuvo una última idea: cortarse completamente el cabello. Y Resultó, quedó primera y quebró el récord mundial.

La jineta británica Lorna Johnstone tenía 70 años y 6 días de edad cuando compitió en Múnich 1972.

En Sídney 2000, la luchadora de taekwondo británica Sarah Stevenson tuvo un "padrino financiero" famoso en el mundo por sus filmes de lucha: Jackie Chan.

En Barcelona 1992, por un error de la jueza brasileña Ana María da Silveira, la canadiense Sylvie Fréchette perdió la medalla de oro en nado sincronizado. Al dar la puntuación digitó 8,7 en vez de 9,7, como pretendía.

En Londres 2012, más de 150 millones de comentarios en Twitter fueron dedicados a los Juegos Olímpicos.

El 26 de julio de 1996, Jefferson Pérez conquistaba la primera medalla dorada para su país al ganar los 20 km marcha. En su homenaje, cada 26 de julio se celebra el Día del Deporte en Ecuador.

El irlandés John Pius Boland viajó a Grecia como turista mientras transcurrían los Juegos de Atenas 1896. Allí, un amigo lo convenció de anotarse en el torneo olímpico de tenis. Boland participó y ganó la medalla de oro tanto en singles y como en dobles.

414

Jeff Float participó en los Juegos de Los Ángeles 1984
como parte del equipo olímpico estadounidense de nado. El
nadador, que tenía una fuerte disminución auditiva como
secuela de una meningitis, obtuvo una medalla de oro en
la categoría de 4x200 metros estilo libre.

415

**En México 1968, se empezó a utilizar un nuevo material para
el piso de la pista atlética: el tartán.**

416

El maratonista español Javi Conde nació sin músculos
en sus brazos. Gracias a su esfuerzo y perseverancia, ganó
nueve medallas olímpicas (siete de oro y dos de plata).
En el 2010, fundó la organización "Maratones Solidarios".
Su finalidad es recaudar fondos para fundaciones
internacionales que protegen a los más necesitados.

417

El ciclista checo Jiří Jeřek ganó 4 títulos paralímpicos.
Una de sus piernas fue amputada luego de ser atropellado
por un automóvil a los 11 años.

Se dice que el gimnasta estadounidense Jonathan Horton consumía medio kilo de miel al día.

En Atenas 2004, la selección argentina de fútbol consiguió la medalla de oro. Ganó los seis partidos que jugó, marcó 17 goles y no le convirtieron ninguno. Carlos Tévez, con 8 goles en 6 partidos, fue el goleador de las Olimpiadas.

En Moscú 1980, María Caridad Colón ganó la competencia de jabalina. Así, fue la primera mujer cubana que obtuvo el oro olímpico.

En Londres 2012, el taekwondista argentino Sebastián Crismanich derrotó en la final al español Nicolás García Hemme. No solo obtuvo el oro olímpico en sus primeros Juegos, sino que consiguió el primer oro en una disciplina individual para su país luego de 64 años.

El atleta etíope Haile Gebrselassie era alérgico al polen.

El francés Jean François Lamour era el único esgrimista del equipo francés de 1980 que no había ganado una medalla. En Seúl 1988, volvió a competir y ganó el oro. .

En Berlín 1936, el favorito en salto en largo era el campeón alemán Carl Ludwig *Luz* Long. En el precalentamiento, Carl se dio cuenta de que su principal rival, el estadounidense Jesse Owens, falló en sus primeros intentos. Entonces decidió ayudarlo y le mostró cómo corregir sus movimientos. El resultado: Owens ganó el oro y Long se quedó con la medalla de plata.

Dora Ratjen quedó cuarta en la prueba de salto en largo en Berlín 1936. En 1938, confesó que en realidad era un hombre llamado Hermann Ratjen, y que se hizo pasar por una mujer, obligado por los nazis.

426

El jugador húngaro de waterpolo Olivér Halassy ganó dos medallas de oro y una de plata, a pesar de que la mitad de una de sus piernas había sido amputada luego de sufrir un accidente de tránsito a los 11 años.

427

En Londres 2012, se rompieron 44 récords en halterofilia.

428

Récord de historia linda: en Montreal 1976, los organizadores quisieron buscar un modo simbólico de representar la armonía y unidad de Canadá. Así, una muchacha de habla francesa y un varón de habla inglesa formaron parte del último relevo de la Antorcha olímpica. Fue más que un símbolo de unidad canadiense porque los dos se enamoraron y se casaron años más tarde.

429

En 1988, la tenista alemana Steffi Graf llegó a Seúl como campeona de los cuatro Grand Slam de aquel año. En la final olímpica, Graf venció a la argentina Gabriela Sabatini por un doble 6-3 y logró lo que se conoce como Golden Slam.

430

La japonesa Narumi Kurosu, especialista en pentatlón moderno, sufrió las consecuencias del terremoto y el tsunami del 2011. Las instalaciones en las que entrenaba fueron destruidas. El entrenador surcoreano Jung Chil Park, se enteró de la situación y la invitó a que se instalara en su país para entrenar.

431

En los Juegos Olímpicos de la Antigüedad, estaba prohibida la participación de las mujeres. Sin embargo, Kyniska de Esparta, hija del rey de espartano, rompió con aquella regla. Ganó en la competencia de carros, de cuatro caballos, en las Olimpiadas del 396 a.C. y 392 a.C.

432

Récord de enojo: el luchador Ara Abrahamain viajó a Pekín 2008 con una meta: el oro. Pero solo ganó el bronce. En la entrega de medallas, y ya con la presea al cuello, Abrahamain mostró su enojo y tiró la medalla al suelo. Después, salió del recinto gritando: "¡No me importa esta medalla, yo quería el oro!". Lo descalificaron.

Debido al intenso calor, los organizadores de Estocolmo 1912 pidieron suspender la prueba de maratón, pero las autoridades olímpicas se negaron porque era la prueba más representativa de los juegos. Lamentablemente, el corredor portugués Francisco Lázaro murió en el kilómetro 30. Aunque se dijo que fue víctima de una terrible deshidratación, la autopsia reveló que había sufrido un desequilibrio electrolítico, causado por la falta de transpiración. Al parecer, lo provocó una cera untada en todo su cuerpo, para prevenir las quemaduras solares.

La chilena Marlene Ahrens, la argentina Noemí Simonetto de Portela y la colombiana Ximena Restrepo son las primeras mujeres que han conseguido medallas olímpicas en atletismo para países de América del Sur.

Maria Paula Gonçalves da Silva es una de las grandes jugadoras de básquetbol brasileño de todos los tiempos. Comenzó a jugar a los 10 años y a los 14 ya fue convocada a la selección brasileña de adultos con la que ganó la medalla de plata en Atlanta 1996.

La gimnasta Kornelia Ender tenía 13 años cuando ganó cuatro medallas de plata en los Juegos de Múnich 1972.

El noruego Olaf Tufte, campeón olímpico de remo, obtuvo el premio anual de la Fundación Europea del Pulmón en reconocimiento a su éxito deportivo a pesar de tener asma.

Solo tres atletas españoles han participado en seis Juegos distintos: el jinete Luis Álvarez Cervera, el waterpolista Manel Estiarte y el marchador Jesús Ángel García Bragado.

Florence Griffith Joyner fue una atleta estadounidense especialista en pruebas de velocidad. En los Juegos de Seúl 1988, obtuvo tres medallas de oro, una de plata, y los récords de los 100 y 200 metros. Con 29 años y en lo más alto de su carrera, anunció su retiro. Se dedicó a la publicidad.

440

El luchador ruso Alexander Karelin, además de tener tres medallas de oro, también tenía varios apodos: *el oso ruso, el experimento* y *Alexander, el grande.*

441

Se dice que Son Yeon-Jae, gimnasta coreana, tuvo que seguir una dieta muy estricta para mantener su peso en su adolescencia: el desayuno era su única comida.

442

El equipo cubano de voleibol femenino ganó la medalla de oro en 3 Juegos consecutivos.

443

Donald Thompson, debió abandonar en la prueba de los 50 km marcha en Melbourne 1956 porque se deshidrató debido al intenso calor australiano. Pero se propuso tener su revancha en los Juegos de Roma 1960. Durante meses se preparó para soportar el calor: se entrenó vestido en el baño de su casa, al que transformó en un pequeño sauna. Logró obtener la medalla de oro.

444

El ciclista español Javier Ochoa sufrió parálisis cerebral luego de ser atropellado por un auto junto a su hermano mellizo, Ricardo, quien murió en el accidente. A pesar de todo, Javier decidió continuar su carrera y logró la medalla de oro en los Paralímpicos de Atenas 2004.

445

Delfo Cabrera, ganador del maratón de los Juegos de 1948, trabajó de recolector de papeles en el Jardín Botánico de la Ciudad de Buenos Aires.

446

Récord de casamiento: a David State se le ocurrió pedirle matrimonio a su novia embarazada de 8 meses, Christine Langham. Lo hizo en plena calle, mientras portaba la Antorcha olímpica para los Juegos de Londres 2012.

447

El medallista olímpico Mark Spitz aprendió a nadar a los dos años mientras que la familia residía en Hawái. A los doce años Mark ya entrenaba seis horas diarias.

Naim Süleymanoğlu nació en Bulgaria, pero se nacionalizó turco. Es conocido como el "Hércules de bolsillo" por su baja estatura (apenas 1,50 metros) y por su tremenda fuerza. En halterofilia, ganó medallas en tres Juegos Olímpicos y logró batir en una noche 6 récords mundiales y nueve olímpicos. (¡Poderoso el chiquitín!)

En México 1968, Wyomia Tyus batió la plusmarca mundial al correr en 11,8 segundos los 100 metros lisos. Además, fue la primera atleta, hombre o mujer, en ganar dos veces consecutivas esta prueba en los Juegos Olímpicos.

En Los Ángeles 1932 no hubo competición de fútbol.

En la ceremonia de la clausura de Moscú, unos 3 mil soldados presentaron "dibujos animados" en colores en las tribunas del estadio. Tardaron un mes y medio en entrenarse para mostrar solamente uno de ellos, el osito, símbolo de los Juegos.

452

En Pekín 2008, una de las integrantes del equipo de natación sincronizada de Japón, Hiromi Kobayashi, se desmayó durante el ejercicio de la final.

453

Récord de bronca: hubo gran felicidad en todo Japón, cuando se confirmó a Tokio como sede de los Juegos de 2020. Pero un hombre no estaba alegre: Kohei Jinno. En 1960, la capital nipona había ganado el derecho a organizar los Juegos de 1964. El proyecto incluyó una serie de edificaciones futuristas, trenes de alta velocidad y la primera red de carreteras urbanas de la ciudad. Por estas obras, a Kohei Jinno lo obligaron a mudarse de casa y de barrio. Tras buscar un nuevo lugar donde vivir, Jinno se afincó en un nuevo barrio, Kasumigaoka. Pero esas cuadras fueron requeridas por el gobierno para construir un nuevo recinto para 80 mil personas. Por lo que Jinno, ya anciano, debe volver a buscar un nuevo hogar.

454

Estados Unidos mantiene una cómoda ventaja en la clasificación de todos los tiempos en medallas de oro.

455

Foy Draper fue compañero de Jesse Owens en carrera de relevos. Luego fue piloto y murió cuando su avión fue derribado en la campaña africana en 1943, durante la Segunda Guerra Mundial.

456

La húngara Ilona Elek fue la única mujer en proclamarse campeona olímpica en dos Juegos Olímpicos separados por la Segunda Guerra Mundial.

457

El primer campeón olímpico en jabalina fue el sueco Eric Lemming en París 1908. Lanzó 54,83 metros. En Estocolmo 1912, volvió a ganar el oro, lanzando 60,64 metros.

458

El triatlón es deporte olímpico desde Sídney 2000. La distancia original del triatlón, consta de 3.800 metros de natación, 180 kilómetros de ciclismo y 42 kilómetros de carrera a pie. Pero esa distancia se suele acortar para los Juegos: 1.500 metros de natación, 40 kilómetros de ciclismo y 10 kilómetros de carrera a pie.

459

En las pruebas atléticas de velocidad de París 1900, los jueces obligaron a todos los participantes a salir agachados con apoyo de sus manos en el suelo, a diferencia de Atenas 1896, donde cada uno salía como quería.

460

La primera vez que en atletismo se utilizaron los tacos de salida desde los 100 metros hasta los 400 metros planos fue en Londres 1948.

461

Al Oerter fue el primero en ganar 4 medallas de oro en lanzamiento de disco.

462

En Berlín 1936, el régimen nazi y antisemita de Adolf Hitler le comunicó a la saltadora Gretel Bergmann que había sido retirada del equipo por ser judía. Con esta decisión, los alemanes perdieron la oportunidad de lograr una medalla de oro.

463

Una novedad en Los Ángeles 1932 fue la instalación en el estadio de megafonía: así todos pudieron escuchar el himno de sus respectivos países.

464

En Los Ángeles 1984, y con solo 14 años, el nadador japonés Kusuo Kitamara ganó el oro en la prueba 1.500 metros.

465

En Montreal 1976, la nadadora alemana Kornelia Ender ganó los 100 metros mariposa, con récord olímpico. 25 minutos después, volvió a competir y se impuso en los 200 metros libres. En esta última prueba, se convirtió en la primera nadadora en rebajar la marca de 2 minutos.

466

El tirador sueco Oscar Swahn, compitió en tres ediciones de los Juegos entre 1908 y 1920, donde ganó seis medallas, tres de ellas de oro. Fue el participante y el campeón olímpico de más edad de la historia: tenía 64 años cuando ganó una medalla de oro en Estocolmo 1912.

467

Antes de clasificar a los Juegos de Atenas 2004, la nadadora polaca Otylia Jedrzejczak declaró que de ganar alguna medalla de oro, la donaría. Cumplió su palabra: el oro fue subastado, y el dinero recaudado fue enviado a una organización que ayuda a los niños polacos con leucemia.

468

En Amberes 1920, Finlandia fue el país revelación. Consiguió un total de 30 medallas de oro, 13 de plata y 8 de bronce.

469

Richard Strauss fue un famoso compositor y director alemán, autor de la obra *Así habló Zaratustra*, banda sonora de la película *2001, Odisea del Espacio*. En la inauguración de Berlín 1936, Strauss dirigió la orquesta, cuando se interpretó el himno olímpico, compuesto especialmente para esta ocasión.

470

Los Juegos Olímpicos son competiciones de atletas individuales, aunque las informaciones de los medalleros se dan por países.

471

Con 18 años de edad, el boxeador estadounidense Muhammad Ali (entonces Cassius Clay) ganó el oro en Roma 1960. Al regresar a su país, le negaron la entrada a un restaurante por ser "negro". Indignado, renunció al triunfo arrojando la medalla al río Ohio.

472

En París 1900, los remeros holandeses Roelof Klein y Francois Brandt descubrieron que su timonel excedía el peso reglamentario, lo que les impedía participar. Los deportistas recorrieron las calles parisinas y encontraron a un niño, quien aceptó competir con ellos, suplantando al que hacía de timonel. Así, esta pareja holandesa, junto con el niño francés, ganaron la carrera.

473

En 1932, se construyó la primera Villa Olímpica de la historia. Se encontraba 20 kilómetros del centro de Los Ángeles. Tenía los equipamientos más modernos de la época, incluyendo entidades bancarias, tiendas de ropa, salas de ocio, bibliotecas y farmacias.

Desde 1932, los tableros de la ceremonia de apertura
mostraron la frase: "Lo importante es competir". Esta
afirmación no concuerda con el espíritu de las antiguas
Olimpiadas, donde ganar era lo único importante.

En Atenas 1896, en halterofilia, las disciplinas se dividían
en dos: levantamiento de pesas con un solo brazo y
levantamiento de pesas con dos brazos. En levantamiento
con dos brazos, Viggo Jensen de Dinamarca, y Launceston
Elliot del Reino Unido levantaron 111,5 kilogramos, y
el desempate estuvo a manos del príncipe George quien
determinó que Jensen levantó "de mejor forma" que
Elliot. Una protesta de la delegación británica logró
que cada uno tuviera un intento más para mejorar
sus puntajes. Ninguno lo logró, y los resultados se
mantuvieron, con Jensen declarado ganador.

**Leander Paes es el tenista que ha participado en mayor
número de Juegos Olímpicos, con un total de seis.**

Los países de América Latina que no lograron ganar
medallas en Londres 2012 fueron: Bolivia, Chile, Costa
Rica, Ecuador, El Salvador, Honduras, Nicaragua, Panamá,
Paraguay, Perú y Uruguay.

La antorcha de Sídney 2000 pesó un poco más de un kilo,
y medía 72 centímetros. Como combustible se utilizó
una mezcla de propano y butano que no dañaba al medio
ambiente, porque emitía menos carbón y proporcionaba
más luz por combustible consumido.

El maratón olímpico se corre sobre la distancia de 42,195
metros. Tanto la largada como la llegada del maratón no
deben ser necesariamente dentro de un estadio.

**En los Juegos, la participación de hombres nunca bajó de cien.
La cifra menor fue de 241 hombres en Atenas 1896.**

481

En París 1900, en las competiciones de atletismo, no existía ninguna pista reglamentaria que se adaptara a las reglas de la época. Todas las pruebas se realizaron sobre una de césped. Se tuvo que cortar la hierba lo más bajo posible para hacerla viable. La recta tenía un cierto desnivel y estaba llena de baches.

482

Los hermanos españoles José Luis y Luis Doreste eran regatistas pero nunca compitieron juntos. El menor, Luis, el primero en conseguir el oro olímpico en Los Ángeles 1984. Su hermano mayor tuvo que esperar a Seúl 1988 para ser campeón olímpico.

483

Se pueden celebrar pruebas olímpicas fuera del país organizador de los Juegos.

484

Juan Esteban Curuchet, ciclista argentino ganador del oro en Pekín 2008, es el deportista argentino con mayor cantidad de participaciones, seis en total, en Juegos.

485

La ciclista francesa Jeannie Longo, conocida con el apodo de "Superlongo", ganó 4 medallas (una de oro) entre los Juegos de 1992 y 2000. De joven practicaba esquí, y fue campeona universitaria. Luego de los Juegos, fue campeona francesa de ciclismo a los 52 años.

486

Estados Unidos ha organizado 8 Juegos Olímpicos, más que cualquier otra nación. Fueron 4 de verano y 4 de invierno. Londres ha albergado 3 Juegos Olímpicos, todos en su edición de verano, y más que cualquier otra ciudad.

487

Hasta hoy, Holanda es el país que ha ganado más medallas de hockey sobre césped en la historia olímpica.

488

Según un estudio de los académicos Flyvbjerg Bent y Stewart Allison, de la Universidad de Oxford, Inglaterra, hasta hoy los 3 Juegos más costosos han sido los de Londres 2012, Barcelona 1992 y Montreal 1976.

489

En 1896, los funcionarios griegos y el público en general estaban entusiasmados con la experiencia de albergar unos Juegos Olímpicos. Este sentimiento fue compartido por muchos de los atletas, que incluso exigieron que Atenas fuera la ciudad sede permanente. Pero, el Comité Olímpico decidió rotar los Juegos por diferentes ciudades.

490

La ciudad sede de los Juegos Olímpicos suele ser elegida siete años antes de la celebración

491

La Carta Olímpica establece que un atleta sea nacional de un país para poder competir en representación de este. Atletas con doble nacionalidad pueden competir por uno u otro país, siempre y cuando hayan transcurrido tres años desde el momento en que el atleta compitió por su país anterior. Sin embargo, si los Comités Olímpicos Naciones y la Federaciones Internacionales llegan a un acuerdo, la comisión ejecutiva del Comité Olímpico tiene la capacidad de reducir o cancelar este período.

492

En Los Ángeles 1984, los hermanos Dave y Mark Schultz ganaron el oro en lucha en la competencia por equipos. Luego, Dave fue asesinado por John DuPont, un millonario que pagaba por sus entrenamientos. Esta historia fue llevada al cine en la película 2014 *Foxcatcher*, que logró varias nominaciones para los premios Oscar.

493

En 1992, al equipo de básquetbol de Lituania se lo llamó el "Segundo Dream Team", por contar con figuras como Valdemaras Homicius, Rimas Kurtinaitis, Sarunas Marciulionis y Arvidas Sabonis. Sabonis medía 2,18 metros sin zapatillas y fue considerado uno de los más importantes centros de todos los tiempos. Hoy, pertenece al Salón de la Fama de la NBA.

494

El soviético Vladimir Kuts, en Melbourne 1956, fue considerado el mejor atleta de los Juegos al ganar el oro en los 5.000 y 10.000 metros. Antes, Kuts había practicado boxeo, esquí nórdico, halterofilia, natación y remo. En 1960 sufrió su primer ataque al corazón, del que sobrevivió. Murió en 1972, a los 48 años, mientras entrenaba.

495

En los Juegos de 1936, edición en que se instauró la tradición de llevar la antorcha olímpica, y en los de 1948, era habitual que los portadores de la llama llevaran su propia antorcha y, después de traspasar el fuego, se la quedaran de recuerdo.

496

En Helsinki 1952, el Comité Organizador seleccionó como deporte de exhibición al *pesäpallo*, una variante finlandesa del béisbol.

497

En las medallas de Atenas 1896, se observa la cara del dios Zeus sosteniendo en su mano un globo sobre el cual se posa el símbolo de la victoria, con alas.

498

En Melbourne 1956, John Wing, con solo 17 años, escribió una carta al Comité Organizador de los Juegos. En ella, exponía una idea que se puso en práctica para la ceremonia de clausura: que los deportistas de todas las naciones desfilaran mezclados en la pista para el último adiós. Sin distinción de países. Hoy, esa idea aún se lleva cabo.

Para Helsinki 1952, las reglas de la equitación se modificaron para que aquellos jinetes que no fueran oficiales militares pudieran competir, incluyendo a las mujeres.

El cricket formó parte del programa de los Juegos de París 1900. La pista donde se jugó este deporte tenía capacidad para 20.000 espectadores, pero solo asistieron una docena de soldados que se quedaron a ver por curiosidad. Los medallistas recibieron sus preseas doce años más tarde.

En Atenas 2004, Manu Ginóbili fue el *MVP* (jugador más valioso) del torneo de básquetbol, Argentina ganó el oro.

En Amberes 1920, por primera vez, los participantes solo podían entrar a los Juegos a través de los Comités Olímpicos Nacionales.

503

En Ámsterdam 1928, deportistas de 28 naciones ganaron alguna medalla de oro, récord que no fue superado sino hasta 40 años después.

504

La galesa Tanni Grey-Thomson nació con espina bífida, una malformación congénita que causa debilidad en las extremidades inferiores, atrofia de una pierna o pie, escasa sensibilidad o alteración de los reflejos. Así, Tanny empezó a usar silla de ruedas a los siete años. Disfrutaba practicar deportes, tales como la natación, el tiro con arco o la hípica. A los 15 años, empezó a correr los 100 metros en silla de ruedas en los campeonatos galeses de su edad. Solo en los Juegos Paralímpicos, consiguió 16 medallas.

505

En Río de Janeiro 2016, las ceremonias de apertura y clausura fueron programadas para realizarse en el Estadio Maracaná, uno de los más grandes del mundo. Sin embargo, las competencias de atletismo se establecieron para el Estadio João Havelange. Es la primera ocasión en que el atletismo no se realiza en el recinto donde se inauguran y se clausuran los Juegos.

506

El Comité Olímpico permite la formación de comités olímpicos nacionales que representan a naciones, sin verse obligadas a cumplir con estrictos requisitos relacionados con la soberanía política. De esta manera, a colonias y dependencias se les permite competir en los Juegos Olímpicos. Este es el caso de Puerto Rico, Bermudas, Aruba, Las Islas Caimán, Las Islas Cook, Islas Vírgenes, Samoa Americana, Hong Kong y Guam.

507

En Londres 1908, a Geo André, en el tercer y último intento del salto de pértiga o garrocha, se le enganchó el short con el listón. Obtuvo la medalla de plata.

508

Récord de precisión: en Londres 1948, la antorcha llegó a su etapa final, con solo 13 segundos de retraso.

509

En San Luis 1904, se vio la única celebración del deporte del "roque", variante del croquet a la que llegaron a llamar "el deporte al aire libre más científico que existe".

510

En Museo olímpico de la ciudad de Colonia se presentan los logros obtenidos por Alemania.

511

Merlene Ottey, atleta jamaiquina especialista en pruebas de velocidad, ganó 9 medallas entre Moscú 1980 y Sídney 2000. Fue la primera mujer jamaicana en ganar una medalla olímpica en los 200 metros.

512

El atleta británico James Ellington se subastó a sí mismo en eBay para conseguir auspicio para su participación en Londres 2012. Logró que una empresa de productos para aseo masculino lo ayudara con una suma de dinero.

513

La fecha de apertura de los Juegos de Pekín fue el 8 de agosto de 2008. Es decir: 8-8-08. Fue elegida por el propio Comité Organizador, aunque se dijo que fue el Gobierno Chino quien impuso esta fecha, ya que el 8 es el número de la suerte para la comunidad.

514

Para Helsinki 1952, el jefe supremo de la nación rusa, Iósif Stalin, se negó a que la antorcha olímpica transitara por territorio soviético y países bajo su dominio.

515

Solo dos deportes olímpicos tienen competencia de equipos mixtos: el tenis de campo y el bádminton. Sin embargo, el Comité Olímpico planea aumentar las disciplinas.

516

Récord de acto sincero: en Los Ángeles 1932, la esgrimista británica Judy Guinness fue declarada ganadora por los jueces en la final contra la austríaca Ellen Preis. Pero Judy les señaló a los jurados que su adversaria la había tocado dos veces en lugar de una y que en realidad, Ellen había sido la ganadora. El jurado, entonces, declaró vencedora a Preis, y Judy se quedó con la medalla de plata.

517

Valentina Vezzali ganó seis oros olímpicos, una plata y dos bronces. Es hasta hoy la mujer italiana con más medallas olímpicas de la historia.

En Atenas 1896, el griego Aristides Konstantinidis destrozó su bicicleta contra una pared en la prueba de los 87 km en ruta. Entonces, tomó una del público y siguió.

Las mujeres tuvieron que esperar ocho Juegos para correr los 100 metros planos. La primera vez fue en Ámsterdam 1928, donde ganó Elizabeth Robinson.

En Seúl 1988, en gimnasia, la soviética Yelena Shushunova y la rumana Daniela Silivas igualaron la marca de la rumana Nadia Comaneci, logrando 7 dieces como puntuación en una sola edición olímpica. Entre las dos, obtuvieron 10 medallas.

Bob Mathias, a los 17 años y a solo cuatro meses después de iniciarse en atletismo, ganó el decatlón en Londres 1948. Así, se convirtió en el ganador más joven de la historia en esta especialidad hasta aquel momento.

522

Para Barcelona 1992, el fuego olímpico, fue trasladado por relevos desde Olimpia hasta el puerto de El Pireo, donde fue embarcado en la fragata *Cataluña de la Armada Española*, para llegar a la localidad de Empuries, delante de las ruinas romanas.

523

En México 1968, salvo en cuatro pruebas, en todas se superaron los registros alcanzados en los anteriores Juegos de Tokio. Se registraron más de 200 récords olímpicos, además de otras 27 plusmarcas mundiales.

524

La gran figura de España campeona olímpica de fútbol de 1992 fue *Pep* Guardiola, luego campeón como jugador y como técnico del Barcelona.

525

En Londres 2012, Keshorn Walcott, de Trinidad y Tobago, se convirtió en el primer atleta caribeño en obtener la medalla dorada en lanzamiento de jabalina, especialidad que tradicionalmente es ganada por europeos.

526

La halterofilia o levantamiento de pesas formó parte de los deportes olímpicos en Atenas 1896 y en San Luis 1904. Aunque desapareció en 1908, se reincorporó en Amberes 1920. La categoría femenina ingresó en Sídney 2000.

527

En Atenas 2004, el equipo de básquetbol argentino le ganó a los EE.UU. en las semifinales del torneo. Por primera vez un *Dream Team* no llegó a una final olímpica.

528

Boris Anfiyanovich Shajlin fue un gimnasta soviético que ganó 14 medallas en los Juegos Olímpicos en las décadas de 1950 y 1960 de las cuales 8 fueron de oro. En 1999, murió su hermano mayor, lo que dejó a su familia sumida en extrema pobreza. Entonces, Boris decidió ayudarlos económicamente. Para eso, vendió 99 medallas de sus días de gloria.

529

Desde que México ha intervenido en Juegos Olímpicos, desde París 1900 a Londres 2012, 97 deportistas mexicanos han logrado subir al podio de honor.

530

Cuatro húngaros, que ganaron el oro olímpico en esgrima, murieron en campos de concentración alemanes en la Segunda Guerra Mundial: Gerde Oszkar, Janos Garay, Endre Kabos y Attila Petschauer.

531

El atleta Stefan Holm fue el primer sueco en ganar un oro olímpico en salto en alto en Atenas 2004.

532

Las autoridades utilizan para Río de Janeiro 2016 una tecnología que permite grabar en alta definición a multitudes, y transmitir en tiempo real esa información a un centro integrado de control y monitoreo.

533

La nadadora estadounidense Amy Van Dykenn ganó seis medallas de oro olímpicas entre 1996 y 2000. Se distinguió por ser una mala chica en las piscinas, ya que usaba todo tipo de artimañas para intimidar a sus rivales. En Sídney 2000, una cámara de televisión grabó el momento en que escupía en el andarivel de una rival.

Al igual que Michael Jordan, los basquetbolistas estadounidenses Patrick Ewing y Chris Mullin también ganaron dos medallas de oro siendo la primera vez jugadores universitarios y en la segunda, miembros del primer *Dream Team* de Barcelona 1992.

La ciclista holandesa Leontien Zijlaard van Moorsel, había abandonado el deporte en 1994 a causa de desórdenes psiquiátricos y a una anorexia nerviosa. Pero al año se recuperó y volvió a subirse a la bicicleta. Entre Sídney 2000 y Atenas 2004, ganó 6 medallas: 4 de oro, 1 de plata y 1 de bronce.

En Tokio, un hombre que se hace llamar *Mangetsu-man* (*Hombre Luna Llena*), se viste con un traje al estilo superhéroe y usa como arma una escoba. Se ocupa de ir limpiando la ciudad -sobre todo el puente Nihonbashi- con sus voluntarios, y no tiene publicidad ni lo hace por dinero. Su acción se relaciona con un pedido especial que le hizo al gobierno japonés: que saquen una autopista y así recuperar el puente para los Juegos de Tokio 2020.

En la ceremonia inaugural de México 1968, el mexicano Pablo Garrido enunció el Juramento Olímpico del Deportista a nombre de los atletas ahí reunidos. Al finalizar, diez mil palomas fueron liberadas como un símbolo de paz.

La ciudad de Barcelona, sede en 1992, ya había intentado ser sede de unos Juegos en 1924 y 1936.

Récord de respuesta irónica: en Moscú 1980, en la competencia de salto con garrocha, la multitud apoyaba al saltador local, el soviético Konstantin Volkov. Mientras tanto, abucheaba e insultaba al saltador polaco Wladyslaw Kozakiewicz. Pero, tras haberse asegurado la medalla de oro y establecer un nuevo récord mundial, el polaco Kozakiewicz le hizo un corte de manga a toda la gente en las gradas. Después de que los Juegos acabaran, el embajador soviético en Polonia solicitó que Kozakiewicz fuera despojado de la medalla por su "insulto al pueblo soviético". La respuesta oficial del Gobierno polaco fue que "el gesto había sido un espasmo muscular involuntario causado por el esfuerzo".

540

En Ámsterdam 1928, el desfile inaugural de los equipos participantes, estuvo encabezado por primera vez por la delegación de Grecia, reconocida como la cuna del olimpismo. En último lugar y cerrando la presentación de los equipos, pasó el país organizador. Desde entonces, este orden de apertura y cierre es habitual.

541

En Roma 1960, en un partido de hockey, se enfrentaban Bélgica y Francia. Un policía que estaba afuera del estadio, pero muy cerca del campo, tocó el silbato. Los belgas pensaron que había sido el árbitro y pararon de jugar. Pero Francia siguió la jugada, marcó el gol y ganó 1 a 0.

542

El gimnasta italiano Alberto Braglia ganó 3 medallas de oro entre Londres 1908 y Estocolmo 1912. Pero como este deporte no generaba dinero para su familia, se dedicó a trabajar en circos. Sin embargo, en 1932, fue el entrenador del equipo olímpico italiano de gimnasia que sorpresivamente ganó el oro en Los Ángeles.

543

En la final de Waterpolo de 1992, Italia venció a España 9 a 8 luego de seis tiempos extra.

544

En Atenas 2004, la levantadora de pesas Nurcan Taylan, con un peso de 48 kilos y una estatura de 1,52 metros, estableció 2 récords mundiales en la especialidad de arranque con 97,5 kg. Además, fue la primera deportista turca en ganar una medalla de oro olímpica para su país.

545

La figura de la final olímpica de fútbol de Londres 2012 fue el mexicano Oribe Peralta. Él marcó los dos goles con los que su equipo logró la medalla de oro.

546

Para los Juegos de 1956, se presentaron como candidatas las ciudades de Minneapolis, Los Ángeles, San Francisco, Chicago, Filadelfia y Detroit. Como consecuencia de la lucha interna entre estas seis ciudades estadounidenses, el Comité Olímpico Internacional resolvió que, desde ese momento, solo una ciudad por país podrá ser candidata.

547

En San Luis 1904, una de las disciplinas era "las clavas de balanceo". El atleta estaba de pie sosteniendo un bastón en cada mano. Después, giraba a su alrededor. Cuanto más complicada era la rutina, más puntos ganaba. Fue deporte olímpico en dos ocasiones, y se lo considera precursor de la gimnasia rítmica.

548

Yvonne Buchman se hizo conocida en el año 2000 por haber representado a su país, Alemania, en los Juegos Olímpicos de Sídney en salto con garrocha, donde logró ubicarse en la sexta posición. El 21 de noviembre de 2007, la atleta anunció que se retiraba del deporte para comenzar con un cambio de sexo, ya que se sentía hombre.

549

Llegar a la ciudad australiana de Melbourne, sede de los Juegos de 1956, tomaba tres días en avión desde Europa.

550

En Montreal 1976, las competencias de básquetbol, remo y balonmano femenino fueron incluidas por primera vez.

551

En Londres 2012, el presidente del Comité Olímpico Egipcio, declaró públicamente que su delegación de atletas competiría con uniformes pirata. Finalmente, Nike y Adidas decidieron apoyar a los egipcios, y les regalaron uniformes a todos los atletas.

552

El haitiano Dieudonné Lamothe fue el último en llegar a la meta del maratón de Los Ángeles 1984. Lo hizo rengueando y casi 45 minutos más tarde que el ganador. Antes de partir de la isla caribeña, el dictador de Haití Jean Claude Duvalier le había dicho que si no corría los 42,195 metros, lo iba a fusilar. Por ese motivo, Lamothe se negó a abandonar a pesar de haber sufrido una lesión a mitad de la prueba.

553

En Seúl 1988, el paulista Aurélio Miguel conquistó la primera medalla de oro de Brasil en judo. Aurélio se convirtió en campeón sin haber marcado siquiera un punto en las cinco luchas que disputó. Fueron dos victorias por decisión de los jueces y tres, incluyendo la final, en que los rivales fueron penalizados por excesiva pasividad.

554

En Berlín 1936, Adolfo Hitler no saludó personalmente al atleta negro estadounidense Jesse Owens, que había ganado cuatro medallas de oro. Owens afirmó en sus memorias que el gobierno alemán lo felicitó, pero por escrito. Pero en su propio país, el atleta no fue invitado a las celebraciones organizadas en la Casa Blanca.

555

El actor Dolph Lundgren se hizo conocido por el papel del boxeador Iván Drago, rival de Rocky Balboa en la película *Rocky IV*. Lundgren estuvo en Atlanta 1996 como coordinador del equipo estadounidense de pentatlón moderno debido a que, dos años antes, fue protagonista del film *Pentatlón*. El objetivo era que ayudara a llamar la atención hacia el deporte, que corría el riesgo de salir el programa olímpico. Pero lo único que consiguió fue que el único representante del país en los Juegos terminara la competencia en el 16° lugar.

556

En Seúl 1988, por primera vez, todas las medallas en la prueba hípica de adiestramiento, fueron ganadas por mujeres. (¡Punto para las chicas!)

557

Tommie Smith ganó los 200 metros planos en México 1968, con récord mundial. Durante la premiación, mientras sonaba el himno de Estados Unidos, Smith y John Carlos (ganador de la medalla de bronce) hicieron el famoso saludo "Black Power". Este saludo consistía en levantar el puño envuelto en un guante negro, en señal de protesta por los derechos civiles de los afroamericanos.

558

La estadounidense Marion Jones obtuvo cinco medallas (tres de oro y dos de bronce) en los Juegos de Sídney 2000. En el 2007, admitió que había utilizado sustancias prohibidas. Cuatro años antes, lo había negado durante una investigación del caso. No solo tuvo que devolver las medallas, sino que la condenaron a pasar seis meses en la cárcel por haberle mentido a las autoridades.

559

James Hines corrió los 100 metros en menos de 10 segundos. En México 1968, el atleta se convirtió en *récordman* con 9.95 segundos, y se llevó la medalla de oro en la primera final con cronometraje electrónico de la historia. El récord duró 15 años.

560

Astylos de Crotona obtuvo un total de seis coronas de la victoria, en tres Juegos Olímpicos de la Antigüedad (488-480 antes de Cristo). En la primera Olimpiada, corrió para Crotona y sus compatriotas lo honraron y glorificaron. Pero en las dos siguientes ediciones, tomó parte como ciudadano de Siracusa. Como consecuencia, los habitantes de Crotona lo castigaron, derribaron su estatua y convirtieron su casa en una prisión.

561

Joaquín Capilla es el primer mexicano en lograr medallas en más de una edición olímpica: logró 2 medallas de bronce en Londres 1948, una de oro en Melbourne 1956, y una de plata en Helsinki 1952.

562

Desde los primeros Juegos modernos, el Comité Olímpico Internacional estableció que los deportistas profesionales no podían participar en las Olimpiadas. Consideraban que las competiciones deportivas debían desvincularse de estímulos monetarios. Finalmente, en el año 1981, el COI eliminó esta prohibición.

563

Se dice que gusanos, orugas y sopas de tortugas forman parte de la dieta de la maratonista china Wang Junxia. Al parecer, son alimentos ricos en proteínas y calcio.

564

Takeichi Nishi ganó una medalla de oro de equitación en Los Ángeles 1932. Nishi, coronel del ejército japonés, murió en combate en Iwo Jima en la Segunda Guerra Mundial. La película *Cartas desde Iwo Jima* se inspiraría en su vida.

565

Carlo Pedersoli representó a su Italia en Helsinki 1952 y en Melbourne 1956 en natación. En la década de 1970, se transformó en actor, engordó, se dejó la barba y cambió su nombre. Desde entonces, se llamaría Bud Spencer.

566

Cuando era adolescente la saltadora italiana Sara Simeoni, poseedora de tres medallas olímpicas, soñaba con ser bailarina de ballet clásico y hasta aprobó el ingreso a La Scala de Milán.

567

En Atenas 2004, Argentina ganó el oro en básquetbol al vencer en la final a Italia por 84-69. La llamada "Generación Dorada", dirigida por Rubén Magnano.

568

Nombres simpáticos: los de la atleta griega Athanasia Perra, y la jugadora china de waterpolo Ao Gao.

569

Los remeros argentinos Eduardo Guerrero y Tranquilo Capozzo lograron la medalla de oro en Helsinki 1952, en la prueba 2.000 metros *doble scull*: un bote para dos remeros, con un par de remos cada uno.

570

Paea Wolfgramm boxeó en representación Tonga en la categoría de los pesados en Atlanta 1996. Antes de cada pelea, cantaba el mantra "Tonga mounga kihe loto" (Tus montañas son tu corazón). Impensadamente, le ganó a rivales mejores que él y el público lo quería tanto, que cuando terminaba la pelea coreaba el nombre de su país. Perdió la final ante el ucraniano Vladimir Klitschko.

571

Pyambu Tuul representó a Mongolia en el maratón de 1992. Seis meses antes de arribar a Barcelona, Tuul era completamente ciego. Se entrenaba con ayuda de amigos, que corrían con él. Un médico que visitó su país para realizar trabajo humanitario lo revisó y le dijo que podía arreglar su vista con una operación sencilla. Así, el atleta recuperó su vista 20 años después de haberla perdido.

572

Según el recuerdo del escritor Mario Benedetti, cuando Uruguay salió campeón de fútbol en 1924, en París "la gente no podía creer que un país tan chiquito, que casi no estaba en los mapas, saliera campeón".

573

En Atenas 1896, el máximo rival del ciclista francés León Flameng era el griego Georgios Kolettis. En la prueba de los 100 kilómetros, Kolettis sufrió un desperfecto en la bicicleta. Flameng se detuvo y esperó a que su contrincante arreglara su vehículo. Solucionado el inconveniente, volvieron a la carrera. El oro fue para el francés.

574

John Stephen Akhwari representó a Tanzania en el maratón de México 1968. Mientras corría, sufrió un severo corte en la pierna derecha y se dislocó la articulación de la rodilla. El corredor vendó sus heridas y siguió adelante pese a su lesión. Fue el último hombre en completar los 42 kilómetros.

575

El italiano Alessandro Zanardi, ex piloto de Fórmula 1, ganó la medalla de oro en contrarreloj con silla de ruedas en los Juegos Paralímpicos de Londres 2012. Zanardi, que perdió las dos piernas en un accidente en Alemania durante una prueba de ChampCar en 2001, logró el triunfo en silla de ruedas en el circuito Brands Hatch, donde había competido en un auto Fórmula 3.000 dos décadas antes.

576

En la Antigua Grecia, durante los Juegos también se realizaban certámenes literarios. La crítica a estas obras podía ser terrible. En 384 a.C., el dictador siciliano Dionisio presentó unos poemas que fueron considerados "insatisfactorios". Entonces, unos aficionados a los deportes, indignados, le dieron una paliza y destrozaron su tienda.

577

Vera Nikolic era una corredora del desaparecido país de Yugoslavia. Era la gran candidata a quedarse con el oro en México 1968. Pero la atleta no pudo con la enorme presión que ejercieron el público y la prensa. En el día de competencia, apenas pudo completar 300 metros. La joven no toleró la frustración, abandonó la prueba y se dirigió a un puente cercano con la idea de suicidarse. Por suerte, su entrenador la detuvo a tiempo y evitó una tragedia.

578

En Helsinki 1952, el boxeador sueco Ingerman Johansson llegó a la final y perdió. Pero, además de no obtener el oro, tampoco le entregaron la medalla de plata. Pasó todo el partido evitando el combate y los jueces lo descalificaron.

579

A Scott Hamilton le diagnosticaron fibrosis quística a la edad de dos años. Los médicos le dieron seis meses de vida, pero la enfermedad comenzó a corregirse por sí sola. Empezó a patinar sobre hielo durante sus años de adolescencia y ganó una medalla de oro en 1984. Hamilton es conocido por su movimiento *backflip* o voltereta hacia atrás.

Para los Juegos de 2012, poetas internacionales se encontraron en Londres, en un festival llamado "El Parnaso de la Poesía", para declamar en 50 idiomas.

En la Grecia Antigua, la gloria era lograr el mejor desempeño para orgullo de su ciudad natal. A cambio, se los proclamaba como héroes, y se les colocaba una corona de ramas de olivo.

El tirador Guilherme Pará fue el primer atleta brasileño en ganar una medalla de oro. Lo logró en 1920. Pará compitió con una pistola que le prestó la delegación de EE.UU., ya que un torbellino de arena había inutilizado su arma.

"Arete" era el nombre del caballo tuerto que montó el mexicano Humberto Mariles Cortés en los Juegos de 1948, cuando se convirtió en el primer deportista mexicano en ganar una medalla de oro olímpica.

584

Bajo la recomendación del lingüista e historiador francés Michel Breal, el maratón fue introducido en la primera edición moderna de los Juegos.

585

El fútbol americano fue deporte de exhibición en 1904 y 1932, pero nunca llegó a alcanzar el nivel de deporte olímpico.

586

Récord de errores: en Atenas 2004, el tirador de rifle americano Matthew Emmons estaba a un solo tiro de conseguir el oro. Pero se equivocó, disparó a la diana de uno de sus rivales, y perdió. En Pekín 2008, cuando estaba como líder de la prueba, al disparar su último tiro . . . lo hizo nuevamente en una diana equivocada. Otra vez, se le escapó la oportunidad de ganar el oro.

587

En 1978, el corredor kenyata Henry Rono batió cuatro récords mundiales en 81 días. Pero como Kenya boicoteó los Juegos de 1980 y 1984, Rono nunca pudo participar en unos Juegos Olímpicos.

588

ldikō Rejtö era sorda de nacimiento. Compitió en esgrima, en cinco Juegos Olímpicos, y ganó dos medallas de oro, una de plata y dos de bronce.

589

En Atlanta 1996, Nigeria se quedó con en el oro en fútbol al vencer a la Argentina. Era la primera vez que un país africano obtenía la presea dorada en este deporte, y que no la ganaba un seleccionado europeo o sudamericano.

590

En 2012, el lanzador de bala Germán Lauro se convirtió en el primer atleta argentino en clasificar para una final de una disciplina de pista y campo desde Melbourne 1956.

591

Tamika Catchings es sorda y cuando era niña tenía un impedimento del habla. A lo largo de su infancia, se burlaban de ella por sus discapacidades. Empezó a jugar básquetbol profesional en Estados Unidos y en los Juegos de 2004 y 2008 y ganó sendas medallas de oro.

De niño, el cubano Dayron Robles sufría de anemia, que lo dejaba cansado y débil. Gracias a la alimentación escolar, Dayron pudo superar este problema. Así, creció fuerte y ganó el oro en los 110 metros vallas en Pekín 2008.

En París 1924, el saltador argentino de triple Luis Brunetto ganó la medalla de plata. El registro de Brunetto fue récord sudamericano hasta 1951, cuando apareció el atleta brasileño Adhemar Ferreira Da Silva, quien logró la medalla de oro en los Juegos de Helsinki.

Para los Juegos de San Luis 1904, excavaron un terreno con el fin de crear un lago artificial. Al llenarse de agua, esta se ensució con la tierra y perdió su transparencia.

Hasta ahora, el mayor precio logrado por un trofeo olímpico en una subasta es 865.000 dólares. La suma fue ofrecida a cambio de la copa de plata que recibió el ganador del maratón de los primeros Juegos modernos.

596

En Los Ángeles 1932, Ralph Hill, de Estados Unidos, pasó del último lugar en los 5.000 metros a desafiar al líder, el finlandés Lauri Lehtinen. Hill trató dos veces de pasar a Lehtinen, pero el finlandés le bloqueó el camino y ganó la carrera por centímetros. Hill no quiso presentar una protesta formal. Dijo que no podía creer que Lehtinen lo hubiera hecho con intención.

597

El Juramento Olímpico, escrito por Pierre de Coubertin, fue pronunciado por primera vez en la Olimpiada de Amberes 1920.

598

En Seúl 1988, durante una carrera de vela individual, el canadiense Larry Lemieux iba cómodo en segundo lugar. Pero vio que el competidor de otra carrera, Joseph Chan, de Singapur, había sido lanzado de su velero y Chan estaba a punto de ahogarse. Lemieux cambió de rumbo y llevó a Chan hasta su velero. Él y su equipo fueron recogidos por un barco de rescate. Oficialmente, Lemieux quedó en undécimo lugar, pero el COI le otorgó l a Medalla Pierre de Coubertin al Espíritu Deportivo.

  **599**

El atleta Paavo Nurmi brilló durante la década de 1920 al obtener 9 medallas de oro y dos de plata en tres Juegos. Pero en Berlín 1936, apareció otro "Nurmi". También fue Campeón Olímpico, esta vez en equitación. Este "Nurmi" era el nombre del caballo, mientras que el jinete que lo montó era el alemán Ludwig Stubbebdorf.

 **600**

Récord de dulzura: el maratonista francés Alain Mimoun ganó el oro en Melbourne 1956. El día anterior, había recibido un telegrama en el que le comunicaban que había sido padre, pero no sabía el sexo del bebé. Después de ganar, se enteró de que el bebé era una niña, a la que llamaron Olympia.

 **601**

En Helsinki 1952, Asnoldo Vicente Devonish Romero se convirtió en la primera medalla olímpica de Venezuela al lograr el bronce en salto triple.

602

El tenista suizo Roger Federer conoció a su esposa, Mirka, en los Juegos de Sídney 2000.

603

En Los Ángeles 1932, Ralph Hill, de Estados Unidos, pasó del último lugar en los 5.000 metros a desafiar al líder, el finlandés Lauri Lehtinen. Hill trató dos veces de pasar a Lehtinen, pero el finlandés le bloqueó el camino y ganó la carrera por centímetros. Hill no quiso presentar una protesta formal. Dijo que no podía creer que Lehtinen lo hubiera hecho con intención.

604

Cuando Nerón introdujo la carrera de caballos a su versión de los Juegos Olímpicos en Roma, también había apuestas masivas y estafas.

605

Hasta la fecha, por Rumania, las mujeres han ganado más medallas olímpicas que los hombres.

606

En Múnich 1972, apareció *Waldi*, la primera mascota de unos Juegos Olímpicos. El modelo del diseño era un perro "salchicha" (*Dachshund*) característico de la zona de Baviera.

El nadador estadounidense Anthony Ervin consiguió el oro en Sídney 2000, en la prueba de 50 metros de nado libre. En 2004, Ervin decidió ofrecer su medalla en eBay para ayudar a las víctimas del tsunami en Indonesia. Logró venderla a 17101 dólares.

López Lomong es un sudanés nacionalizado estadounidense y especializado en carreras de medio fondo. Cuando tenía seis años, sus padres murieron en la Segunda Guerra Civil Sudanesa y fue secuestrado por milicianos. Logró escapar y pasó una década viviendo en un campamento de refugiados de Kenia. 10 años después, Lomong descubrió que su madre aún vivía y se reunieron en Estados Unidos. Lomong corrió en la carrera de 1.500 metros durante los Pekín 2008 y terminó en quinto lugar.

En los Juegos de la Antigua Grecia, existían distintas carreras de caballos. Había carreras con carros para 2 y 4 caballos. También, carreras de carros de batalla, carrera de carros de solo una potranca y hasta carrera de carros de una sola mula.

610

En 1921, se organizaron en Mónaco los Juegos Olímpicos Femeninos, con la participación de cinco países: Gran Bretaña, Suiza, Italia, Noruega, y Francia. Se realizaron cada cuatro años, hasta 1934 en Londres, donde el programa incluyó 15 pruebas de atletismo y 19 países participantes.

611

El esgrimista venezolano Rubén Limardo Gascón ganó el oro en Londres 2012. Fue la segunda medalla de oro para su país, luego de 44 años.

612

Además del intento de Zapas en 1859, los griegos intentaron revivir los Juegos en 1870, 1875 y 1877.

613

En Estocolmo 1912, el primer puesto en la lucha grecorromana quedó vacante. Tras 9 horas de lucha entre los atletas Anders Oscar Ahlgre e Ivan Theodor Böhling, los jueces suspendieron la contienda y les adjudicaron a ambos . . . el segundo lugar.

614

La llama recogida en Olimpia no fue la única en Helsinki 1952. En el monte Pallastunturi, junto al círculo polar Ártico, fue encendida otra llama para luego ser mezclada con la de Olimpia, como símbolo de hermandad deportiva entre las naciones del norte y del sur.

615

Ángel León, profesor de Tiro de la Escuela General de Policía, logró la medalla de plata en la modalidad de pistola libre de 50 metros. Fue la única medalla que obtuvo España en los Juegos de Helsinki 1952.

616

La judoca brasileña Edinanci Silva nació con órganos genitales masculinos y femeninos a la vez. A mediados de la década de 1990, se sometió a una operación para poder competir como mujer.

617

Luego de ganar en Berlín 1936, el atleta Jesse Owens corrió contra caballos por dinero.

618

El húngaro Alfréd Hajós fue el primer campeón olímpico de natación, en Atenas 1896. Se impuso en los 100 metros libres con el primer récord olímpico de 1:22.2.

619

En la Antigüedad, existieron los Juegos de la Hearia. Eran exclusivamente femeninos y se celebraban en el estadio de Olimpia, en fechas diferentes a los Juegos Olímpicos.

620

En México 1968, el mexicano Felipe Muñoz obtuvo el oro en natación. Lo llamaban *El Tibio*, porque su padre era natural de la localidad de Río Frío, y su madre, de Aguascalientes.

621

En Berlín 1936, la estadounidense Helen Stephens ganó los 100 metros planos. Los polacos presentaron un reclamo alegando que Stephens era un hombre, aun cuando su propia corredora, Stanislawa Walasiewicz, también era sospechada de ser un varón. Helen Stephens se sometió a la revisión médica y demostró ser una mujer.

En Seúl 1988, por una penalización, el boxeador surcoreano Byun Jong Il perdió ante el americano Michael Carbajal. Byun estuvo sentado por más de sesenta minutos en protesta por su derrota.

En Atlanta 1996, la atleta de Laos Sirivanh Ketavong tardó 3:25:16 en completar el maratón, una hora más que la ganadora. Ketavong ni siquiera salió en la hoja de resultados de esa prueba, que se dio por acabada 20 minutos antes de su llegada a la meta.

En Atenas 1896, Grecia se aseguró varias medallas gracias a una peculiar prueba de natación: los 100 metros libres para marineros. Solo existían dos requisitos para participar: ser marinero y ser griego. (¡Qué vivos, los griegos!)

En París 1900, las pruebas de lanzamiento de disco se disputaron en una explanada rodeada por muchos árboles, lo que generaba serias dificultades para lanzar un tiro limpio.

Récord con final conmovedor: en Estocolmo 1912, durante la prueba de maratón, el corredor japonés Shizo Kanakuri desapareció. Y no se lo vio más. 50 años más tarde, en 1962, un periodista sueco encontró a Kanakuri en una ciudad del sur de Japón, donde era maestro de geografía. Kanakuri contó que durante la carrera se había parado en la casa de un banquero, que lo invitó a refrescarse con una naranjada, y se quedó allí hasta la noche. Y que luego había regresado a Japón de incógnito, por su cuenta. En 1967, con 76 años, Kanakuri regresó a Estocolmo y volvió a la casa de la historia. Bengt Petre, hijo del banquero, lo recibió con un vaso de jugo de naranja. Desde la puerta de esa casa, el anciano atleta continuó el recorrido del maratón hasta el Estadio de Estocolmo. Esto le otorgó el récord de "maratonista más lento de la historia". Alcanzó la meta luego de 54 años, 8 meses, 6 días, 32 minutos y 20 segundos.

George Stuart Robertson viajó en 1896 a Atenas para participar de la prueba de lanzamiento de martillo. Pero esta disciplina no formaba parte del calendario de disciplinas oficiales. Decidió competir en lanzamiento de bala y de disco. En esta última prueba, logró una marca de 25,20 metros, hasta lhoy el peor registro de la historia.

628

Uruguay obtuvo 2 medallas de bronce en básquetbol a nivel olímpico. Es un logro muy importante, ya que se trata de una disciplina que suelen ganar los europeos y los estadounidenses.

629

En Montreal 1976, el luchador soviético Levan Tediatchvili, no aspiraba a ganar solo el oro: antes de ejecutar un movimiento decisivo, buscaba una chica guapa entre el público para hacerle un guiño de ojo.

630

Heidi Krieger fue lanzadora de bala. A los 16 años, le suministraron esteroides que le hicieron ganar musculatura y pelo en el cuerpo. A los 20, fue medalla de oro olímpica. En la década de 1990, cambió de sexo y de nombre: hoy es un hombre llamado Andreas.

631

En Estocolmo 1912, se programó una carrera ciclística para las dos de la madrugada, porque a esa hora ya hay luz solar en el verano de Suecia.

En Amberes 1920, en waterpolo, los italianos se enfrentaban con España. Era un día frío y lluvioso. El partido terminó con empate a uno y todos los deportistas salieron del agua tiritando. Después de un descanso, el combinado italiano no aceptó volver al agua a jugar la prórroga, porque hacía demasiado frío.

En París 1924, el escocés Eric Liddell ganó los 400 metros planos y batió el récord olímpico, pero no quiso correr en las eliminatorias de los 100 metros, pese a ser favorito. Las pruebas clasificatorias se corrían un día domingo, y su fe anglicana le impedía competir.

El neurocirujano inglés de origen austriaco Sir Ludwig Guttmann fue el gran impulsor de los Juegos Paralímpicos. Se dieron a conocer en los Juegos de Londres 1948 como una competición deportiva entre veteranos de la Segunda Guerra Mundial con heridas de médula espinal. Luego, la primera Olimpiada oficial para discapacitados se celebró en Roma 1960. Participaron 400 atletas en representación de 23 países.

635

En Los Ángeles 1932, en la prueba final de los 3.000 metros obstáculos se corrieron 3.460 metros. En el momento de cruzar la meta, todavía no habían colocado la cinta en la llegada. Ante las indicaciones de los jueces de que prosiguieran, todos los corredores hicieron una vuelta adicional.

636

La tradición de mantener el fuego encendido durante los Juegos se remonta a antiguas ceremonias religiosas griegas. El atleta que vencía en la carrera tenía el privilegio de recoger una antorcha entregada por los sacerdotes y transportarla hasta el altar. El fuego se mantenía encendido durante los Juegos en honor a Zeus.

637

Varios medallistas olímpicos personificaron a Tarzán en el cine. Los nadadores Johnnie Weissmuller y Clarence Linden Crabbe son algunos de ellos. El nombre artístico de Clarence fue Buster Crabbe, y su mayor fue su caracterización de Flash Gordon, un héroe del futuro.

638

En París 1900, fuera del programa oficial, se practicaron otras disciplinas como carreras de sacos, juegos de romper la ola, salto de rana y concursos de pesca.

639

En 1989 se formó el Comité Paralímpico Internacional. Su logotipo lleva tres colores: verde, rojo y azul. Simbolizan la mente, el cuerpo y el espíritu.

640

En Amberes 1920, el equipo estadounidense de tiro con pistola se proclamó campeón. Uno de sus integrantes, James Howard Snook, fue ejecutado en la silla eléctrica en 1930 por haber asesinado a su amante.

641

El atletismo es el deporte más destacado de los Juegos Paralímpicos. En él, compiten todo tipo de discapacitados. Los competidores se dividen en distintas categorías, según sus respectivas minusvalías, que se subdividen a su vez en clases, teniendo en cuenta su capacidad funcional para el deporte.

642

Los primeros Juegos Olímpicos modernos solo incluían especialidades deportivas de invierno. Las pruebas sobre hielo se tenían su propia reglamentación.

643

Actualmente, el encendido de la llama olímpica se realiza en las ruinas del templo de Hera, para garantizar la pureza de la llama. Una vez encendida, es depositada en una urna para ser llevada al antiguo estadio olímpico, donde prenderá la antorcha que la conducirá a lo largo de su recorrido hasta el estadio que acogerá los Juegos.

644

La primera vez que la llama Olímpica viajó en barco fue en 1948. En esa ocasión, cruzó el Canal de la Mancha.

645

Dos jovencitos fueron estrellas del salto de trampolín en Amberes 1920. La estadounidense Aileen Riggin ganó la medalla de oro con solo 13 años. El segundo clasificado fue el sueco Nils Skoglund, de 14 años.

En Ámsterdam 1928, la reina Guillermina de Holanda decidió que no se construyera la Villa Olímpica, por su elevado costo. Entonces, los atletas se acomodaron en hoteles, cuarteles, residencias y casas particulares. Algunas delegaciones, las más numerosas, alquilaron barcos para viajar a Holanda y para alojar a los atletas.

En Helsinki 1952, el francés Jean Boiteux venció en los 400 metros libres de natación. Apenas finalizada la prueba, un espectador se arrojó al agua, vestido y con boina, para abrazarlo. El espectador resultó ser el padre de Boiteux.

En Barcelona 1992, el alojamiento en la Villa Olímpica para los 15 mil participantes fue gratuito por primera vez en la historia.

El 3 de agosto de 2012, la semifinal de tenis protagonizada por el argentino Juan Martín del Potro y el suizo Roger Federer, es hasta hoy el partido más largo en la historia de los Juegos. Duró 4 horas y 26 minutos. Triunfó Federer.

650

Los Juegos de Barcelona 1992 fueron los primeros que no fueron boicoteados. Sudáfrica fue recibida nuevamente y Alemania compitió como un país unificado luego de la caída del muro de Berlín en 1989. Incluso Afganistán participó de la ceremonia inaugural.

651

Roberta Sudbrack es una destacada cocinera de Brasil. Es propietaria de un restaurante en Río de Janeiro que lleva su nombre y que en 2011 fue incluido por la revista inglesa *Restaurant* entre los mejores 100 del mundo. Durante los Juegos de Londres 2012, dirigió la preparación de las comidas servidas a los atletas de su país.

652

Para Los Ángeles 1932, el mejor deportista de atletismo que tenía la Argentina era el maratonista Juan Carlos Zabala. Como aún no tenía 20 años de edad, no podía participar. Después de tanto insistir, su entrenador logró la aprobación del Comité Olímpico. Zabala ganó el oro con un tiempo de 2:31:36, y marcó el récord olímpico para esa época. Argentina obtuvo su primera medalla de oro en atletismo.

653

En los Estados Unidos, Gran Bretaña, Francia, Suecia, Checoslovaquia y los Países Bajos surgieron movimientos para boicotear los Juegos de Berlín 1936, en la Alemania de Adolfo Hitler. Algunos de los que proponían el boicot hablaban de una "Contra Olimpiada". Una de las más importantes fue la "Olimpiada Popular", planeada para el verano de 1936 en Barcelona, España. Fue cancelada después del estallido de la Guerra Civil Española en julio de 1936.

654

Los atletas brasileños cerraron los Juegos Olímpicos de Londres 2012 con el mayor número de medallas de su historia: subieron 17 veces al podio.

655

En Londres 2012, Petr Koukal fue el abanderado de República Checa. El jugador de bádminton había superado un cáncer de testículo en el año 2010.

656

Un millón de brasileños (contratados, voluntarios, obreros y niños) debieron aprender inglés para Río de Janeiro 2016.

657

En Ámsterdam 1928, la marca "Gebrüder Dassler Schuhfabrik" introdujo por primera vez sus productos deportivos en unos Juegos Olímpicos. A partir de 1949, la fábrica pasó a llamarse "Adidas".

658

En Helsinki 1952, la Unión Soviética participó por primera vez en unos Juegos Olímpicos. Desde 1928 hasta 1937, los soviéticos organizaron un evento deportivo internacional llamado "Espartaquiada", similar a los Juegos.

659

César Cielo fue el primer nadador brasileño en lograr medalla de oro en natación. Lo logró en Pekín 2008.

660

En Seúl 1988, Argentina logró la medalla de bronce en voleibol, con un equipo conformado por Hugo Conte, Waldo Kantor y Esteban Martínez. Hasta hoy, es la única medalla olímpica de Argentina en este deporte.

661

Una ceremonia de premiación se lleva a cabo después
de cada evento olímpico. El o los ganadores del primer,
segundo y tercer lugar se suben a un podio de tres niveles.
Allí, se les entregan sus respectivas medallas. Luego,
las banderas nacionales de los tres medallistas se izan
mientras se escucha el himno nacional del ganador.

662

El logotipo de Roma 1960 fue configurado a partir de la
imagen de la loba Luperca amamantando Rómulo y Remo,
que según la leyenda, fueron los fundadores de la ciudad.

663

La gimnasta rusa Svetlana Khorkina ganó 7 medallas
olímpicas entre 1996 y 2004. Durante ese tiempo, se la
consideró la *Reina de las barras asimétricas*.

664

En París 1900, hubo competencias de salvamento y
socorrismo fuera del programa oficial de los Juegos.

665

Joaquim Carvalho Cruz se proclamó campeón olímpico de los 800 metros en Los Ángeles 1984. De esta manera, consiguió la primera medalla de oro olímpica del atletismo brasileño desde los tiempos de Adhemar Ferreira da Silva, campeón de triple salto en 1952 y 1956.

666

Los últimos Juegos Olímpicos de la Antigüedad se celebraron en el año 393, casi doce siglos después de sus comienzos. Tras la adopción del cristianismo como religión oficial del imperio Romano, el emperador Teodosio I prohibió toda celebración pagana, incluyendo los Juegos.

667

En vela o navegación a vela cada evento olímpico se divide en una serie de regatas y se atribuyen puntos según la posición de llegada de las embarcaciones. El vencedor de cada regata gana un punto, el segundo lugar gana dos, y así sucesivamente. Se suman esos puntos y los diez mejores van hacia la regata final (*Medal Race*). Al contrario de la mayoría de las competiciones, el campeón es el individuo o equipo con la puntuación total más baja.

668

En waterpolo, la pelota con la que se juega ha
evolucionado. Al principio, estaba hecha de caucho
vulcanizado importado de la India. Luego, se jugó con una
de cuero, que acumulaba agua y ganaba peso a lo largo
de los partidos. Finalmente, se llegó a la de caucho en
su composición actual, que fue adoptada oficialmente en
Melbourne 1956.

669

El tiro solo estuvo ausente en dos ediciones de los Juegos:
San Luis 1904 y Ámsterdam 1928. En ambos casos, porque
los tiradores querían cobrar premios por participar.

670

Los de Tokio 1964 fueron los primeros Juegos en Asia.
Debían realizarse en 1940, pero la Segunda Guerra Mundial
no lo permitió.

671

El logotipo de Río de Janeiro 2016 representa figuras
tomadas de la mano, y simboliza: compañerismo, unión,
pasión y modernidad.

672

Hasta Seúl 1998, solo participaban hombres en judo.
A partir de Barcelona 1992, se disputan también
competiciones en las categorías femeninas.

673

El mexicano Antonio Vázquez Alba, apodado "el Brujo
Mayor", predijo que la selección mexicana de fútbol
ganaría la medalla de oro en Londres 2012.

674

**La navegante argentina María Fernanda Sesto compitió en
cuatro Juegos.**

675

Debido a un glaucoma, el español Enhamed Mohamed
quedó ciego a los 9 años. Unos meses después, aprendió a
nadar. Así, comenzó una exitosa carrera. En los Juegos
Paralímpicos de Pekín 2008, consiguió 4 medallas de oro,
por lo que se lo consideró el "Michael Phelps español".

676

El triatleta español Javier Gómez Noya opinó que el fútbol no debe formar parte de los Juegos, porque "en él no compiten los mejores jugadores del mundo, como sí sucede en los otros deportes".

677

El judoka brasileño Rogério Sampaio Cardoso ganó medalla de oro en Barcelona 1992. Sampaio se inició en el judo cuando tenía 4 años. Su madre pensaba que era muy inquieto y que necesitaba más disciplina.

678

Aumentar las zonas verdes de Atenas fue una de las promesas del gobierno durante los Juegos de 2004. Se plantaron 5 millones de árboles y plantas.

679

La gimnasta olímpica Shawn Johnson y el ciclista Taylor Phinney empezaron a ser pareja mientras participaban de Pekín 2008.

680

En Seúl 1988, el estadounidense Todd Foster y Chung-Jil Chul, de Corea del Sur, se enfrentaron en boxeo. Sonó la campana en un ring vecino, pero Chung-Jil se confundió, creyó que había terminado el asalto y bajó los brazos. Entonces, Todd Foster lo golpeó y lo puso nocaut. El árbitro empezó la cuenta, pero luego consultó a los jueces y finalmente, la declaró sin decisión. La revancha quedó pactada para el día siguiente, pero ante la protesta estadounidense, el combate se volvió a hacer 45 minutos después. Foster noqueó de nuevo al coreano, que todavía no se había recompuesto de la caída.

681

En Londres 2012, participaron 10.940 deportistas. El 46% eran mujeres.

682

En su adolescencia, el corredor Usain Bolt no entrenaba. Se escapaba para jugar al críquet o al básquetbol. Otro gran corredor jamaiquino, Asafa Powell, lo convenció para que no malgastara sus fuerzas de fiesta en fiesta y en otros deportes y se concentre en entrenar.

El estadounidense Edwin Moses fue un niño enfermizo, con anteojos y aparatos en los dientes. Sus padres se preocuparon más por su formación académica que por sus cualidades deportivas. Sin embargo, Moses fue dos veces campeón olímpico de 400 metros con vallas, en 1976 y 1984.

Antes de Londres 2012, se filtraron en Facebook varias fotos de la tiradora estadounidense Corey Cogdell posando junto a decenas de aves muertas que presuntamente utilizaba para practicar.

En Moscú 1980, Alberto Valdés Lacarra fue medalla de bronce en la prueba de salto por equipos en equitación. Era hijo del Teniente Coronel Alberto Valdés Ramos, campeón olímpico en Londres 1948.

En Seúl 1988, se alcanzó por primera vez la cifra de mil millones de telespectadores a nivel mundial.

687

Dana Vollmer, nadadora estadounidense, ganó el oro en los 100 metros mariposa con récord olímpico en Londres 2012. En 2003, se había sometido a una operación cardíaca: sufría una taquicardia supraventricular.

688

En Londres 2012, la tenista de Dinamarca, Carolina Wozniacki, jugó todos sus partidos con las uñas pintadas con la bandera de su país.

689

El nadador estadounidense Michael Phelps en su biografía explicó que de pequeño se refugiaba en las piscinas para no oír las discusiones entre sus padres.

690

La atleta brasileña Maurren Maggi ganadora de la medalla de oro en salto en largo en Pekín 2008, comenzó su carrera deportiva jugando como delantera en un equipo de fútbol.

En Londres 2012, el gimnasta Arthur Nabarrete Zanetti logró el oro para Brasil en la prueba anillas.

En Barcelona 1992, la atleta argelina Hassiba Boulmerka venció en la carrera de los 1.500 metros, pero fue reprendida por los fundamentalistas musulmanes de su país. El problema era que había mostrado brazos, piernas y rostro a los hombres.

El ciclista argentino Walter Pérez, ganador de la medalla de oro junto a Juan Curuchet, corre desde los 8 años. Como no estudiaba mucho, le llevaba a su maestra los trofeos que iba ganando para que le pusiera buenas notas.

El corredor Saïd Aouita declaró que antes de cada competición se veía a sí mismo como un guerrero marroquí a punto de entrar en batalla.

Al poco tiempo de ganar medallas de oro en México 1968, Jim Hines se retiró del atletismo. Después de los Juegos, firmó un millonario contrato con el equipo de fútbol americano profesional Miami Dolphins.

Se dice que la luchadora argentina Patricia Bermúdez, en las cuatro luchas que llevó a cabo en los Juegos, siempre usó una bombacha rosa y un top turquesa.

A Michael Gross, nadador alemán y ganador de 6 medallas olímpicas, lo llamaban *el Albatros*. Sus largos brazos le daban una envergadura de 2,11 metros, similar al ave de mayor envergadura del mundo que es . . . el albatros.

Victoriano Alberto Zorrilla es, por el momento, el único argentino que conquistó una medalla dorada en natación. La obtuvo en los 400 metros libres de Ámsterdam 1928.

699

El nadador australiano Ian Thorpe se destacaba por su técnica y porque sus zapatillas eran talla 54.

700

El 18 de mayo de 1924, en el Stade Olympique Yves du Manoir de París, se jugó la final olímpica de rugby entre Francia y Estados Unidos. Ganó EE.UU. 17 a 3, y fue el último partido de este deporte en los Juegos Olímpicos. Debió esperar 92 años para su vuelta a las Olimpiadas, en Río de Janeiro 2016.

701

El australiano Edwin Flack, estudiaba en Londres y resolvió acompañar a sus compañeros de club a los Juegos de 1896. En Atenas, decidió competir y ganó en 800 y 1.500 metros. Sus compañeros le festejaron sus éxitos e izaron la bandera británica, pero Flack pidió que se lo considerase australiano. Así es como Australia consta como participante de los primeros Juegos Olímpicos, cuando en realidad nació como país cuatro años después, cuando dejó de ser una colonia británica.

702

Claudia María Poll Ahrens obtuvo el oro en Atlanta 1996. Es la primera deportista en la historia de Costa Rica en triunfar en los 200 metros estilo libre de natación.

703

En Seúl 1988, el seleccionado de fútbol de Zambia le ganó 4 a 0 a Italia. En el partido siguiente, perdió 4 a 0 con Alemania.

704

En la ceremonia inaugural de Londres 2012, una mujer apareció en el desfile al lado del abanderado de la India. Nadie supo quién era esa mujer.

705

Cuando se realizaron los Juegos en Amberes, la ciudad estaba destruida por la Primera Guerra Mundial, que había terminado en 1918. Uno de los fosos de las fortificaciones que aún quedaban en la ciudad se llenó con agua, y se transformó en una pileta para las disciplinas de natación.

Javier Mascherano fue campeón olímpico en fútbol en Atenas 2004 y en Pekín 2008.

Vladimir Salnikov, nadador ruso, ganó 4 medallas de oro. Su entrenador, Igor Koshin, le hizo seguir un régimen de entrenamiento durísimo.

El Reino Unido de Gran Bretaña solo participa como tal en los Juegos Olímpicos. En estos torneos, las cuatro naciones que lo conforman (Inglaterra, Gales, Escocia e Irlanda de Norte) compiten bajo la misma bandera.

Récord de paridad: en Helsinki 1952, la final olímpica de los 100 metros planos fue la más reñida de la historia: los cuatro primeros fueron cronometrados con el mismo tiempo: 10,4 segundos. Los jueces tuvieron que recurrir a la *foto finish* para determinar el orden de llegada. Decidieron que el hombro derecho de Remigino estaba por delante, y por lo tanto era el ganador de la medalla de oro.

El polo apareció como disciplina olímpica en París 1900. El formato de juego fue muy particular. Los polistas de los cinco países participantes (Estados Unidos, Gran Bretaña, España, México y Francia) se dividieron para formar cuatro equipos mixtos de similar nivel. Se coronó campeón el conjunto "TheFoxhuntersHurlingham", formado por dos estadounidenses y dos británicos.

Italia ganó el Mundial de Fútbol en 1934 y salió campeón olímpico en Berlín 1936. Fue la única vez que un equipo campeón mundial de este deporte salió campeón en un Juego Olímpico dos años después.

El estadounidense Greg Louganis fue adoptado a los ocho meses por un matrimonio estadounidense de origen italiano. Greg padecía dislexia, que lo llevaba a tartamudear al hablar. Pero a los 16 años, consiguió su primera medalla en Montreal 1976 en saltos ornamentales. En toda su carrera, ganó 4 oros olímpicos.

713

La selección de hockey femenino de la Argentina es conocida como *Las Leonas*. El apodo surgió de la mano de su técnico, Sergio *Cachito* Vigil durante los Juegos de Sídney 2000. En esa oportunidad, Argentina llegaba a la segunda ronda con escasas chances de alcanzar la final. Perdieron 3 a 1 contra Australia. Pero se llevaron la medalla de plata, inédita para la Argentina en esta disciplina.

714

El estadounidense Michael Johnson fue el primer atleta olímpico en coronarse en 200 y 400 metros. Un dato curioso: usaba zapatillas doradas.

715

El *Dream Team* de 1992 se impuso en sus duelos con una ventaja promedio de 43,8 puntos. En la final, contra Croacia, ese promedio bajó: ganó por 32 puntos.

716

Las damas no jugaron al tenis en el inicio de los Juegos modernos; recién se incorporaron en París 1900.

717

Récord de mal comienzo: el boxeador cubano Teófilo Stevenson ganó 3 medallas de oro en 3 Juegos Olímpicos diferentes. Comenzó a boxear a la edad de 15 años. En sus inicios, perdió 14 de sus primeras 20 peleas.

718

Richard *Dick* Norris Williams tenía 21 años cuando embarcó en el *Titanic*. Fue uno de los 706 sobrevivientes. Más tarde, a los 33 años, se unió a Hazel Wightman para llevarse la medalla de oro de dobles en tenis en París 1924.

719

Récord de récords: el estadounidense Bob Beamon logró 8,90 metros en salto en largo en México 1968. Batió el récord de la disciplina nada menos que por 55 centímetros. Esta plusmarca siguió vigente hasta 1991.

720

En Londres 1908, Dinamarca le ganó en fútbol a Francia por 17 a 1.

721

El atleta brasileño Adhemar Ferreira da Silva, se dedicó
a competir en triple salto. Así, ganó dos medallas de oro,
una Helsinki 1952 y otra en Melbourne 1956.

722

En Montreal 1976, el boxeador Ray *Sugar* Leonard no solo
ganó la medalla de oro, sino que también fue consagrado
como el mejor boxeador del torneo.

723

Récord de superación personal: la estadounidense Gail
Devers había sufrido el síndrome de Graves, un tipo de
hipertiroidismo. Entre 1988 y 1990, debió someterse a un
tratamiento con rayos que le imposibilitó entrenar por
más de dos años y medio. Con sus piernas paralizadas, no
paraba de llorar en su silla de ruedas. Un día, su entrenador
le dijo: "Vamos a trabajar juntos. Volverás a correr e irás a
Barcelona". Primero empezó a mover los dedos de los pies.
Más tarde, dio unos pequeños pasos hasta poder caminar.
Ganó 2 medallas de oro: en Barcelona 1992 y Atlanta 1996
ambas en 100 metros planos.

Walter Dray, dueño del récord mundial de salto con garrocha, no viajó a los Juegos de Londres 1908 porque se lo prohibió su mamá.

En la ceremonia de inauguración de Pekín 2008, un grupo de niños y niñas acompañaron el ingreso de la bandera nacional. Representaban las 56 etnias que conviven en China. Una de las niñas cantó *Oda a la Madre Patria*.

En Helsinki 1952, en el partido por la medalla de bronce de básquetbol entre Uruguay y Argentina, se sancionaron 68 faltas en total. Ganó Uruguay.

El 18 de agosto de 2004, Olimpia, la cuna de los Juegos en la Antigua Grecia, volvió a ser escenario de pruebas de lanzamiento de bala.

Argentina no ganó un oro olímpico durante 52 años. Pero el sábado 28 de agosto de 2004, ganó 2 en pocas horas: una en fútbol y otra en básquetbol.

En Atenas 2004, Brasil, con cinco medallas doradas, dos de plata y tres de bronce, superó por primera vez a la Argentina en la tabla histórica.

Nadia Comaneci ganó 5 medallas olímpicas en Montreal 1976 con 14 años, 40 kilos y 1,48 metros de altura.

En San Luis 1904, se realizó una competencia llamada "All round champion". Fue reconocida como el primer decatlón olímpico. Las pruebas eran 100 yardas, una milla, lanzamiento de peso y de martillo, salto en alto, largo y con garrocha, marcha atlética, 129 yardas con vallas y lanzamiento de peso o bala de 25 kilos.

732

La luchadora colombiana Jackeline Rentería ganó la medalla de bronce en Pekín 2008 y Londres 2012. Sus primeros pasos como deportista fueron como gimnasta.

733

En los primeros Juegos modernos, en el dobles de tenis, el jugador podía elegir a un compañero de otra nacionalidad. Esta regla se modificó en Londres 1908.

734

México participó por primera vez en unos Juegos en París 1900. Su primera actuación fue la del equipo de polo denominado "Norteamérica".

735

Algunos atletas paralímpicos son capaces de dominar sus deportes sin importar la edad. Por ejemplo, el tenista suizo Roger Federer puede finalizar su carrera a los 35 años. Pero el campeón británico de tenis en sillas de ruedas, Peter Norfolk, conquistó títulos a los 51. Ganó las medallas de oro en Atenas y Pekín.

Récord de padre obsesivo: el entrenador del nadador francés Jean Boiteux, ganador de los 400 metros libres en Helsinki, era su propio padre. Él construyó una piscina de 25 metros de longitud con tres calles en el jardín de su casa de campo. No solo utilizaba el agua para que su hijo entrenara; también le servía para regar sus plantaciones.

La primera medalla de oro para Siria la consiguió una mujer: Ghada Shouaa en el heptatlón de Atlanta 1996.

Desde 1960 hasta 1992, Sudáfrica no participó de los Juegos Olímpicos. El país africano había sido expulsado del Comité Olímpico Internacional por su política de apartheid (un sistema de segregación racial).

Récord de novedad: Alvin C. Kraenztein, un estadounidense de origen alemán, sorprendió en 1900 cuando al correr una carrera con vallas, las sorteaba con una sola pierna extendida hacia adelante.

740

En París 1900, en salto en alto, el estadounidense Irving K. Baxter sorprendió con el estilo tijera. Consistió en pasar la varilla primero con la cabeza y los brazos, en vez de hacerlo con las piernas, como era habitual en esa época.

741

Sudáfrica ganó su primera medalla de oro, tras su regreso a los Juegos, gracias al maratonista Josia Thugwane.

742

En Ámsterdam 1928, un día antes de la ceremonia inaugural, un portero le negó el ingreso al estadio al equipo francés de atletismo, tras permitirle el acceso al de Alemania. Detrás de ellos estaba el plantel de Estados Unidos. El portero tampoco quiso abrirle el paso. El líder del equipo era un joven oficial del ejército, que decidió derribar la puerta con uno de los ómnibus. Al mismo tiempo que le decía al portero: "Páseme la cuenta de los gastos ocasionados". Ese oficial se llamaba Douglas McArthur. Años más tarde, se convertiría en uno de los héroes de la Segunda Guerra Mundial.

743

En San Luis 1904, el básquetbol hizo su primera exhibición. Con esto se buscaba su divulgación y un lugar olímpico. Formó parte del programa olímpico recién en Berlín 1936.

744

En Londres 1908, se rompieron plusmarcas mundiales en todas las pruebas de natación. Fue gracias a que se contó por primera vez con una pileta adecuada para este deporte.

745

Desde su primera participación en 1924, la Argentina había sido un referente latinoamericano. En diez Juegos Olímpicos llevaba ganadas 13 medallas de oro, 18 de plata y 13 de bronce. Desde Helsinki, empezó decaer, y ningún atleta conseguía subir al tope de un podio. Pero en Montreal la sequía fue total: no obtuvo ninguna medalla.

746

En París 1924, de 29 se elevaron a 44 los países participantes. Debutaron México, la Argentina y Uruguay.

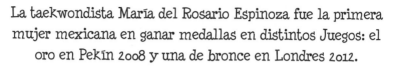

747

La taekwondista María del Rosario Espinoza fue la primera mujer mexicana en ganar medallas en distintos Juegos: el oro en Pekín 2008 y una de bronce en Londres 2012.

748

Para la clausura de Londres 1908 se realizó una cena de gala. Pierre de Coubertin expresó: "Lo más importante no es ganar, sino competir".

749

Para viajar desde Europa hasta la ciudad de San Luis, en 1904, había que pasar 11 días en barco, más 40 horas en tren (desde Nueva York a San Luis). Participaron solo 10 delegaciones del viejo continente en aquellas Olimpiadas.

750

El panameño Irving Saladino, ganador de la medalla de oro en la competencia de salto de longitud, en los Juegos de Pekín 2008, comenzó su carrera de atletismo mientras era inspector de una compañía de electricidad.

751

En Ámsterdam 1928, Chile obtuvo su primera medalla
olímpica. Manuel Plaza, de 28 años, llegó segundo a la
meta del maratón.

752

**El egipcio Ibrahim Moustafa fue el primer deportista no
europeo que ganó un evento de lucha grecorromana.**

753

En la época del Renacimiento, creció el interés por la
Grecia clásica; no solo en filosofía o teatro sino también
en deportes. Así, se pusieron en marcha en 1604 los
Olympic Games, con sede en Cotswold, Inglaterra. En ellos
podían participar tanto nobles como plebeyos.

754

Juan Carlos Zabala, medallista olímpico argentino, se
hizo atleta gracias a una riña adolescente. Él y otro
joven estaban a punto de pelearse, cuando un profesor los
convenció de que se enfrentasen en una carrera y no con
los puños. Zabala ganó con comodidad.

En los Juegos Panhelénicos Contemporáneos de 1859, que fueron el primer intento moderno de revivir los antiguos Juegos Olímpicos, había carreras de distintas distancias, saltos de obstáculos, lanzamiento de disco y jabalina, carreras ecuestres y gimnasia de equilibrio.

Fermín Cacho fue el primer atleta español en ganar un oro en la prueba de 1.500 metros, en Barcelona 1992.

Récord de pareja despareja: en Helsinki 1952, los argentinos Tranquilo Cappozzo y Eduardo Guerrero compitieron como dupla en remo. Eran dos personas totalmente diferentes. Capozzo tenía 32 años, era casado, con dos hijos, trabajaba, y había anunciado su retiro. Guerrero, de 22, era rechazado los clubes de remo por su indisciplina. Los dirigentes le solicitaron a Tranquilo que no se retirara y que formara equipo con Guerrero. Su respuesta fue: "Con ese loco, jamás". Finalmente se unieron y ganaron juntos la medalla de oro para Argentina.

758

Después de organizarse diez veces en Europa y dos en los Estados Unidos, en 1956, los Juegos Olímpicos llegaron a otro continente: Oceanía, los primeros del hemisferio sur.

759

En Melbourne 1956, Estados Unidos venció a la Unión Soviética en la final de básquetbol por 89 a 55. El equipo universitario estadounidense tenía dos notables jugadores: Bill Russell y K.C. Jones.

760

En Melbourne 1956, por primera vez entró en acción el estilo mariposa en natación.

761

En Múnich 1972, la soviética Olga Korbut ganó el oro en suelo, barras de equilibrio y por equipo, y la de plata en barras asimétricas. Lo consiguió gracias a nuevos movimientos que solo ella podía lograr, por su contextura física. Tenía 17 años, pero aparentaba tener 14, medía 1.50 metros y pesaba poco más de 30 kilos.

762

La primera vez que las pruebas de atletismo se desarrollaron sobre una pista con ocho andariveles fue en los Juegos de Tokio 1964.

763

En Roma 1960, el ciclista danés Knud Enemark se desmayó durante su carrera, y más tarde murió en el hospital. Había consumido altas dosis de anfetaminas.

764

En México 1968, se realizaron por primera vez los análisis antidopaje. El primer deportista en ser sancionado fue el sueco Hans-Gunnar Liljenwall, que dio positivo con alcohol. Como penalización, el equipo sueco tuvo que devolver las medallas de bronce.

765

En Múnich 1972, apareció por primera vez un sistema de señalización para representar cada deporte. Mediante simples trazos lineales, posibilitaba ubicar a cada uno de ellos con total facilidad tanto en los escenarios, como en las revistas o los libros.

766

En Tokio 1964, el estadounidense Donald *Don* Schollander
se convirtió en el primer nadador en lograr cuatro
medallas de oro en un mismo Juego. Con sus 18 años, ganó
los 100, 400, 4x100 y 4x200 metros, estilo libre.

767

**En Montreal 1976, Cuba fue el líder del deporte
latinoamericano, al quedar octavo en el medallero olímpico.**

768

El estadounidense Joseph Patrick *Joe* Lydon participó en
fútbol y boxeo en San Luis 1904. Logró medallas de plata y
bronce respectivamente.

769

Aunque se habían realizado pruebas de transmisión radial
desde los Juegos Olímpicos de 1924, fue en 1932 cuando
las emisoras estadounidenses NBC y CBS se organizaron
por primera vez para transmitir, a las 11 de la noche, un
segmento de 15 minutos con las novedades del día.

Después de ganar 6 medallas de oro consecutivas en hockey sobre césped, la India perdió su reinado. Fue en la final de Roma 1960, cuando Paquistán los superó por 1 a 0.

En Berlín 1936, James Naismith, creador del básquetbol, realizó el salto inicial del primer partido que se disputó en los Juegos. En él, compitieron Francia y Estonia.

Pindaro fue el primer gran cronista olímpico. Hizo relatos de lo que vio en directo en los Juegos de la Antigüedad.

Los primeros juegos transmitidos por televisión fueron los de Berlín 1936. Además, para hacer más rápida la difusión de los resultados, los organizadores utilizaron el servicio de un aparato recién creado llamado télex o teletipo, que combinaba las propiedades del telégrafo con los de la red telefónica. Su velocidad de transmisión era unos 40 caracteres por segundo, un hito para la época.

774

El empresario alemán Adolf *Adi* Dassler diseñó unos zapatos con clavos para mejorar el agarre a la pista. El atleta Jesse Owens, los empleó y ganó 4 medallas de oro.

775

Desde Londres 1948 comenzaron a usarse medidores con componentes electrónicos para determinar el orden de llegada de los atletas en las competencias de pista.

776

Los Juegos de Londres 2012 fueron los primeros en ser transmitidos en 3D.

777

El chino Liu Xang ganó la medalla de oro de los 110 metros vallas en Atenas 2004 y era el favorito en la misma prueba en Pekín 2008. Pero el atleta tuvo que retirarse en mitad de la carrera debido a una lesión. Más tarde, durante la clasificación para participar en los Juegos de Londres de 2012, Xiang se fracturó el tendón de Aquiles. Se dio cuenta de que era el final de su carrera. El corredor llegó hasta la valla y la besó, en un signo de despedida.

778

En Barcelona 1992, el padre del nadador estadounidense Ron Karnaugh murió de un infarto durante la ceremonia de apertura de los Juegos.

779

En Atlanta 1996, el chino Wyan Chu perdió su medalla de oro en el último disparo de la prueba de pistola. No supo manejar su angustia: se desmayó y estuvo inconsciente durante varios minutos.

780

En Roma 1960, por primera vez se realizó el maratón olímpico por la noche. El recorrido se iluminó con antorchas que sostenían varios soldados italianos.

781

Al remero británico Sir Steve Redgrave, en 1992, le diagnosticaron colitis ulcerosa. En 1997, se descubrió también que padece diabetes tipo 1. Además de ser responsable con sus tratamientos, también cumple con sus entrenamientos. Ganó cinco medallas olímpicas.

782

En la carrera de 10.000 metros, de Barcelona 1992, las atletas Derartu Tulu (una muchacha negra de Etiopía) y Elena Meyer (una muchacha blanca de Sudáfrica), obtuvieron el primer y el segundo puesto respectivamente. De esta carrera lo que más se recuerda es la vuelta de honor que dieron juntas tomadas de la mano, simbolizando el triunfo de África y el fin de la segregación racial en el deporte.

783

En la final de las pruebas de gimnasia femenina de Atlanta 1996, Kerry Strug se cayó y se rompió dos ligamentos del tobillo. Pero continuó saltando y ganó el oro.

784

En la ciudad suiza de Zúrich, decidieron celebrar, el 8 de octubre de 2016, los primeros Juegos Olímpicos Biónicos. Son para atletas que utilizan aparatos de última tecnología, como exoesqueletos, extremidades biónicas, sillas de ruedas eléctricas, músculos estimulados eléctricamente e interfaces cerebro-computadora.

785

Paula Radcliffe estableció el récord del mundo de maratón en el año 2002 y era la gran favorita para ganar en Atenas 2004. Sin embargo, cuando quedaban pocos kilómetros para el final de la carrera, el cuerpo de la atleta no podía más.

786

En Londres 1908, se estableció el recorrido del maratón en 42 kilómetros y 195 metros. Se dice que era la distancia que había entre el Palacio de Windsor y el estadio olímpico. Mediciones posteriores demuestran que ese cálculo se hizo mal.

787

El Memorial Coliseum de Los Ángeles, inaugurado en 1923, fue el estadio albergó a los Juegos de 1932 y 1984.

788

En las primeras maratones olímpicas, se recorrieron diferentes distancias. En Atenas 1896, 40 km. En París 1900, 40,2 km y en St. Louis 1904 se regresó a los 40 km.

789

El dominicano Félix Sánchez ganó la primera medalla de oro para su país en Atenas 2004. Su especialidad: 400 metros con vallas. En Londres 2012, volvió a la victoria con el mismo registro: 47.63 segundos.

790

En Seúl 1988, el último relevo de la llama olímpica lo hizo el coreano Sohn Kee-Chung, vencedor del maratón en 1936. En ese entonces, Chung había sido obligado a representar a Japón, que había invadido Corea, y a adoptar el nombre de Kitei Son.

791

En Estocolmo 1912, el equipo sueco tuvo una gran actuación gracias a la labor de su entrenador Ernie Hjertberg.

792

El soldador es una figura imprescindible en eventos como el básquetbol y el rugby paralímpico. Su trabajo es arreglar rápidamente las sillas de ruedas que se rompen.

793

El ciudadano británico Thomas Manly cambió su nombre para Londres 2012. Ahora, se llama Thomas Steve Redgrave Matthew Pinsent Linford Christie Ian Thorpe Daley Thompson Chris Hoy Seb Coe Carl Lewis Steve Ovett Jonathan Edwards Ben Ainslie Usain Bolt Manly. Eligió los nombres de 12 leyendas olímpicas, más su nombre y apellido originales.

794

Bill Russell es considerado uno de los cinco mejores jugadores de la NBA de todos los tiempos.

795

El basquetbolista Pau Gasol fue el abanderado de España en el desfile de la ceremonia inaugural de Londres 2012. Su hermano Marc, también basquetbolista, fue el encargado de portar la bandera española en el cierre.

796

En la final de voleibol masculino del 2012, Rusia perdía por 2 sets a 0 contra Brasil. Pero en una histórica remontada, ganó 3 a 2 y se llevó el oro.

797

El arquitecto holandés Jan Wils incluyó una torre en el diseño del estadio olímpico de Ámsterdam 1928. Podría situarse un pebetero sobre ella, y encender la llama.

798

El velerista austríaco Hubert Raudaschl es la primera persona en participar en 9 Juegos Olímpicos.

799

En Londres 2012, La nadadora australiana Emily Seebohm era la favorita para la final de 100 metros espalda. Pero tuvo un desempeño inferior al esperado. Culpó a las redes sociales. "No me las pude sacar de la cabeza", afirmó.

800

Natalie du Toit, nadadora de Sudáfrica, logró 5 medallas de oro en los Juegos Paralímpicos de Atenas 2004. Luego, calificó para competir en Pekín 2008. Así, se convirtió en el primer nadador amputado (hombre o mujer) que pudo calificar en los Juegos Olímpicos. En los 10 kilómetros de nado llegó en el puesto 16 sobre 24 deportistas. Y en los Paralímpicos de Pekín 2008, volvió a ganar 5 medallas de oro.

801

Stephen Kiprotich ganó el maratón de Londres 2012,
y consiguió la primera medalla para Uganda en
unos Juegos desde 1996, y la primera de oro desde 1972.
Antes de ganar esa carrera, Kiprotich había corrido
maratón solo 3 veces.

802

En Los Ángeles 1984, se corrió nuevamente el maratón
femenino. El evento había sido prohibido porque muchos
especialistas consideraban que el correr provocaba que las
mujeres "envejecieran más rápido".

803

En Los Ángeles 1984, México ganó las dos medallas de oro
en marcha gracias a las actuaciones de Ernesto Canto (20
km) y Raúl González (50 km).

804

En París 1900, el húngaro Rudolf Bauer hizo tres
lanzamientos con su disco . . . que cayeron en el sector
destinado al público. Luego, logró un lanzamiento bueno
de 36,04 metros. Fue récord mundial y ganó el oro.

805

George Orton fue el primer canadiense ganador de una medalla dorada. Lo logró en los Juegos de París 1900, en los 3.000 y 2.500 metros con obstáculos. Sin embargo, varios años después se reconocieron esos logros como canadienses. La demora se debió a que Orton había entrenado en una universidad estadounidense y se había registrado como miembro de la delegación de Estados Unidos.

806

Los Juegos de Londres 1908 fueron los primeros en los que los atletas desfilaron tras sus banderas nacionales.

807

En Atenas 2004 participó por primera vez un DJ en la ceremonia de apertura. DJ Tiësto fue el encargado de musicalizar el evento.

808

A partir de Los Ángeles 1984, el Comité Olímpico Internacional reconoce también con un diploma olímpico a los deportistas que alcanzan los puestos séptimo y octavo.

809

En Amberes 1920, el británico Phillip Baker obtuvo una medalla de plata. Baker se convertiría más tarde en miembro del parlamento y, en 1959, en el primer atleta olímpico en ser galardonado con el Premio Nobel de la Paz.

810

En Ámsterdam 1928, el príncipe Olaf V de Noruega se convirtió en el primer miembro de la realeza en ganar una medalla. Lo logró como integrante del equipo del yate "Norma".

811

En Londres 1908, se incluyó el polo en bicicleta como deporte de exhibición.

812

En Londres 1908, en la categoría de lucha grecorromana, los jueces retrasaron la competencia un día para que el participante sueco Frithiof Martensson pudiera recuperarse de una herida menor. Al día siguiente, ya recuperado, Martensson obtuvo la victoria.

813

En Seúl 1988, el canadiense Ben Johnson consiguió la marca récord de 9,79 segundos en la carrera de 100 metros masculina. Con ella, le ganó a su rival, el estadounidense Carl Lewis. Pero a los tres días de la carrera, se reveló que Johnson había dado positivo en las pruebas antidoping y fue descalificado.

814

A horas de la ceremonia de apertura de Atenas 2004, Kostas Kenteris, campeón de los 200 metros en Sídney, y Ekaterini Thanou, subcampeona de los 100, fueron marginados tras evadir un nuevo control antidopaje, tal como ya habían hecho en Tel Aviv, Roma, México y Chicago. Ambos dijeron haber sufrido un accidente de moto cuando regresaban a la Villa Olímpica para el control. El accidente nunca tuvo testigos y en el supuesto lugar no se encontraron evidencias.

815

La cadena NBC adquirió los derechos de transmisión en Estados Unidos de los Juegos Olímpicos hasta el 2032.

816

Colombia se vinculó al Comité Olímpico Internacional recién en 1936. Hasta ese momento, no podía participar en las justas olímpicas. Sin embargo, en Los Ángeles 1932, Jorge Perry Villate participó en nombre del país gracias al apoyo prestado por el Comité, que le facilitó cuatro meses de preparación en los Estados Unidos.

817

Los podios a tres niveles para los medallistas aparecieron en los Juegos de Los Ángeles 1932.

818

En 1964, la empresa televisiva nipona NHK empleó un satélite llamado "Syncom 3". Con él, enviaba la señal en vivo a un grupo de 40 televisoras de todo el mundo, para sus noticieros y programas especiales.

819

La llama olímpica de Los Ángeles 1984 recorrió las ciudades de 40 estados de Estados Unidos. Completó 19.000 kilómetros, aproximadamente.

820

La exposición "Juegos Olímpicos: Deporte, Cultura y Arte", pertenece al Museo Olímpico de Lausana (Suiza). Salió por primera vez fuera de Europa y se abrió al público en el Museo Histórico Nacional de Brasil, en Río de Janeiro, después de haber pasado por San Paulo.

821

Brasil obtuvo su primera medalla de oro cuando Guilherme Paraense ganó en tiro, en Amberes 1920.

822

En 1924, la primera delegación argentina a unos Juegos Olímpicos envió representantes en yachting, remo, tiro, natación, pesas, esgrima, atletismo pentatlon moderno, boxeo, tenis, ciclismo y polo.

823

Como promoción de los Juegos de Río de Janeiro 2016, el multicampeón Michael Phelps, junto al campeón paralímpico brasileño Daniel Dias, dio clases de natación a niños del complejo deportivo de la Rocinha, la favela más grande de Brasil.

824

José Pedraza Zúñiga fue medalla de plata en 20 km marcha en México 1968. Esta fue la única medalla que México ganó en las pruebas de atletismo de estos juegos.

825

El boxeador mexicano Juan Fabila Mendoza, medalla de bronce en Tokio 1964, fue expulsado de la secundaria porque todos los días se peleaba con sus compañeros.

826

Ámsterdam 1928 fue la última edición olímpica en la que México no obtuvo ninguna medalla.

827

En Atlanta 1996, por primera vez se incorporaron masivamente sistemas de información en la organización de los Juegos. La empresa IBM creó un sistema llamado *Info '96*, con más de 1.800 computadoras instaladas en estadios y en la Villa Olímpica. Les brindaba a deportistas y funcionarios información sobre los participantes. Además, contaba con un sistema de correo electrónico interno para coordinar la logística del evento.

828

El boxeador peso gallo mexicano Fidel Ortiz, conocido como "Fidelon", peleó en Ámsterdam 1928 y Berlín 1936. En esta última, obtuvo la medalla de bronce.

829

México ha conseguido en 2 ocasiones el primer y segundo puesto en una misma prueba olímpica: en Londres 1948, durante la prueba de salto individual de equitación y en Los Ángeles 1984, en 20 km marcha.

830

Rafael Nadal le dio a España la primera medalla de oro en tenis. Lo consiguió al salir campeón en Pekín 2008.

831

En Roma 1960, el jinete australiano Bill Roycroft sufrió una caída en la tercera jornada de las competencias hípicas. Tuvo que ser hospitalizado, ya que le provocó varias contusiones y una lesión en el cuello. Pero a los pocos días, decidió abandonar el hospital para competir en la prueba de salto. Ganó la medalla de oro.

832

En Los Ángeles 1984, el tenista mexicano Francisco Maciel fue superado en la final por el sueco Stefan Edberg. Pero la medalla conseguida no se tomaba en cuenta ya que el tenis aún era un deporte de exhibición.

833

Sir Peter George Snell, ganador de tres medallas de oro olímpicas, fue elegido mejor deportista neozelandés del siglo XX. Su máximo logro fue ganar los 800 y los 1.500 metros en Tokio 1964, algo que nadie conseguía desde 1920.

834

El juego de palma es un deporte de raqueta practicado desde hace casi mil años. Se lo puede considerar antecesor del tenis. En un principio, el juego consistía en golpear con la palma de la mano una pelota confeccionada con piel de rata. Solo tuvo participación en Londres 1908.

835

Brasil compitió por primera vez en Amberes 1920. A excepción de Ámsterdam 1928, siempre participó de los juegos.

836

María Isabel Urrutia Ocoró fue medalla de oro en halterofilia en Sídney 2000. Este logro significó la primera presea dorada en la historia olímpica de Colombia.

837

En Londres 2012, Granada, Chipre, Guatemala, Montenegro, Bahreim y Botsuana consiguieron su primera medalla olímpica.

838

Carl Lewis es ganador de 9 medallas olímpicas. De niño, tenía pasión por el fútbol americano. Pero a la vez, también practicaba atletismo. Un día, se le acercó un hombre y le preguntó: "¿Te gusta el atletismo?". Carl asintió con la cabeza. El hombre le dijo: "Entonces, disfrútalo". Carl miró asombrado a su padre y le preguntó quién era. Su padre le contestó: "Jesse Owens, ganador de cuatro medallas de oro olímpicas en Berlín 1936".

839

En Tokio 1964, la polaca Ewa Klobukowska fue la primera atleta descalificada por no superar la prueba de sexo.

Argentino Rafael Iglesias fue un boxeador argentino de peso pesado. Ganó el oro en Londres 1948. Luego, peleó solo un combate como profesional, en los Estados Unidos en 1952, y lo perdió.

La selección de polo de Argentina ganó la medalla de oro en Berlín 1936. En la final, venció a Inglaterra por 11 a 0.

El boxeador Carmelo Robledo fue el integrante más joven de la delegación olímpica argentina para Ámsterdam 1928. Con 15 años, llegó a los cuartos de final, por lo que obtuvo un diploma olímpico. En 1932, ganó la medalla de oro.

Brasil ostenta la tradición de tener buenos atletas en salto triple. Nelson Prudencio obtuvo una medalla de plata en México 1968. Posteriormente, João de Oliveira logró una de bronce en 1976 en Montreal, y otra igual en 1980 en Moscú.

844

Las ediciones masculina y femenina de tenis de mesa han sido disputadas continuamente desde Seúl 1988 en su modalidad de individuales. En dobles, se disputó hasta Atenas 2004. En su reemplazo, apareció la modalidad por equipos en Pekín 2008.

845

La británica Nicola Adams es la primera mujer en ganar un título olímpico de boxeo.

846

En la semifinal de básquetbol de 1936, contra Estados Unidos, México perdió 25 a 10. México no convirtió ninguna canasta: sus 10 puntos fueron productos de lanzamientos desde la línea del tiro libre.

847

Los Juegos Ístmicos fueron unos Juegos de la Antigua Grecia, llamados así porque se celebraban en el istmo de Corinto, el tercer año de cada Olimpiada, en honor a Poseidón.

El mexicano Víctor Manuel Estrada Garibay comenzó a practicar taekwondo a los 5 años. A los 12, obtuvo la cinta negra infantil. Y en Sídney 2000, ganó el bronce.

En Sídney 2000, el ciclista Milton Wynants ganó una medalla de plata. Con este logro, y luego de 36 años sin victorias, Uruguay volvió al medallero.

Un pin relacionado con un Juego Olímpico puede ser encontrado en la web a un valor promedio de 600 dólares.

En Londres 1948, el ganador de los 200 metros y uno de los integrantes de la posta 4x100 fue Melvin Patton, el hijo del general George Patton, figura de la Segunda Guerra Mundial. Pero el padre no pudo ver a su hijo campeón: el general, que sobrevivió a toda la Gran Guerra, falleció en un accidente automovilístico en diciembre de 1945.

852

En sus comienzos, el nado sincronizado era una modalidad para hombres, pero luego pasó a ser patrimonio exclusivo de las mujeres. En Los Ángeles 1984, se convirtió en deporte olímpico.

853

Había tan poco interés en las competencias de canoa y el kayak en 1924, que el Comité Olímpico se negó a incluirlo en el programa de los Juegos. Casi 90 años después, 28 países compitieron en Londres 2012.

854

En la ceremonia inaugural de Los Ángeles 1984, las gradas del recinto adquirieron un colorido especial. Todos los asistentes formaron un mosaico con las banderas de los países participantes.

855

En Pekín 2008, la argentina Paula Pareto logró el bronce en judo, en la categoría de 48 kilogramos. Es la primera deportista argentina en ganar una medalla olímpica en esta especialidad.

856

Para prepararse para los Juegos Olímpicos de Tokio 1964, la gimnasta checoslovaca Vera Cáslavská pasaba ocho horas diarias en el gimnasio. Realizó unos 4.320 saltos.

857

En Londres 2012, Alemania no consiguió medallas en ninguna prueba de natación olímpica por primera vez en 80 años.

858

En Amberes 1920, el italiano Nedo Nadi, obtuvo cinco medallas de oro en seis pruebas de esgrima, tras haber peleado en la Primera Guerra Mundial.

859

En París 1924, el remero Bill Havens no había podido participar de la prueba porque su mujer estaba por dar a luz a su primogénito. Veintiocho años después, ese niño, Frank Havens, ganó la medalla de oro en los 10 mil metros de canoa canadiense.

860

Tras varios intentos, la historia olímpica argentina comenzó en París 1924. El punto de partida fue el 31 de diciembre de 1923, cuando el entonces presidente argentino Marcelo T. de Alvear creó el Comité Olímpico Argentino.

861

El ciclismo debutó en el Velódromo Neo Phaliron de Atenas, en los primeros Juegos modernos. Desde entonces, ha formado parte del programa olímpico.

862

Los Juegos de 1932 fueron los primeros en extenderse 16 días. Hasta ese momento, el más corto había durado 79.

863

En Melbourne 1956, el pesista argentino Humberto Selvetti empató el primer lugar con el estadounidense Paul Anderson en la categoría pesado. Perdió el oro porque su rival pesaba 5 kilos menos.

864

Bertil Sandstrom era un jinete sueco que había ganado la medalla de plata en doma clásica individual en Amberes 1920 y en París 1924. Ocho años después, en Los Ángeles, Sandstrom repitió su hazaña al terminar la competencia ecuestre en segundo lugar. Pero en esa ocasión, fue descalificado por hacer algo prohibido: chasquear a su caballo para guiarlo.

865

En Tokio 1964, solo seis semanas después de que se le extrajera el apéndice, el etíope Abebe Bikila ganó su segundo maratón consecutivo. De esta manera, se convirtió en el primer atleta en ganar dos veces esta prueba.

866

Los atletas africanos hicieron su debut olímpico en San Luis 1904.

867

En Montreal 1976, el boxeador Clarence Hill, de Bermuda, ganó la medalla de bronce y se convirtió en el medallista de la nación menos populosa en la historia de los Juegos.

868

En Atenas 2004, 24 años después de la primera, la piragüista alemana Birgit Fischer consiguió una nueva medalla de oro en la modalidad kayak individual. Al ganar la primera tenía 18 años. En la última, 42. Es la diferencia más grande entre dos victorias olímpicas en el deporte femenino.

869

En Los Ángeles 1932, la nadadora Helene Madison ganó tres medallas de oro.

870

Arturo Rodríguez Jurado, apodado *El Mono*, ganó la medalla de oro en boxeo, en Ámsterdam 1928. Años después, fue capitán del equipo nacional de rugby de la Argentina.

871

En Londres 1948, Suecia salió campeón del torneo olímpico de fútbol gracias a tres hermanos que, además de jugar bien a la pelota, trabajaban como bomberos en su país.

Almudena Cid, Estela Giménez, Marta Baldó, Nuria Cabanillas, Lorena Guréndez, Estíbaliz Martínez y Tania Lamarca son los nombres de las "Siete magníficas", el equipo que consiguió la primera medalla (dorada, además) para la gimnasia rítmica española por equipos en Atlanta 1996.

La gimnasta rusa Larisa Latynina consiguió 18 medallas olímpicas (9 de oro). A su retiro, entrenó al equipo de gimnasia femenina de la Unión Soviética entre 1967 y 1977. En ese período, el desaparecido país cosechó 10 medallas de oro.

En 1908, el Gran Ducado de Finlandia compitió por separado del Imperio ruso al que, en esa época, pertenecía. No se le permitió exhibir la bandera finlandesa.

Hasta Londres 2012, el tenis de mesa olímpico distribuyó 28 medallas de oro, de las cuales China obtuvo 24.

En Los Ángeles 1932, la carrera de caballos fue tan difícil que ningún equipo consiguió que llegaran a la meta los tres jinetes. Por ese motivo, no se dio ninguna medalla a los equipos.

Durante el concurso de equitación de 1936, el teniente alemán Konrad von Wangenheim se cayó de su caballo, Kurfurst, y se rompió la clavícula. Volvió a montar, completó la carrera, y su equipo pudo seguir luchando por la medalla de oro. Al día siguiente, Wangenheim llegó al estadio para el concurso hípico individual con su brazo en un cabestrillo. Se lo quitó al montar, pero su brazo dolorido colgaba inerte. En uno de los primeros obstáculos, el jinete no solo se cayó del caballo sino que Kurfurst se cayó encima de él. Se levantaron y lograron el oro.

La francesa Suzanne Lenglen fue la primera celebridad del tenis femenino. Solo participó en los Juegos de Amberes 1920, y ganó el oro en singles perdiendo únicamente cuatro games. Sumó, además, el oro en dobles mixtos y una presea de bronce en dobles femeninos.

879

En París 1900, la competencia con caballos incluyó el concurso hípico de salto con obstáculos, el salto alto y el salto largo. Los dos últimos desaparecieron del calendario olímpico, pero el concurso hípico de saltos es la atracción principal de la competición ecuestre.

880

El Museo Olímpico de México fue inaugurado el 4 de agosto de 1994. Exhibe en sus vitrinas objetos y artículos pertenecientes a deportistas mexicanos.

881

En San Luis 1904, el boxeador estadounidense Oliver Kirk se convirtió en el primer y único boxeador que obtuvo dos medallas de oro en dos categorías diferentes en los mismos Juegos.

882

El corredor checo Emil Zatopek era conocido por entrenar en cualquier clima. Con frecuencia, usaba pesadas botas de trabajo en lugar de zapatillas especiales para correr.

883

Al nadador holandés Maarten van der Weijden le diagnosticaron leucemia en 2001. Recibió un trasplante de células madre y, después de dos años, venció a la enfermedad. En Pekín 2008, Van der Weijden ganó el oro en el maratón de 10 kilómetros en aguas abiertas.

884

El nadador estadounidense Mark Spitz prometió que ganaría 6 medallas de oro en los Juegos de Múnich 1972. Superó su meta y obtuvo 6 oros y 7 récords mundiales.

885

El boxeador sueco Ingemar Johansson poseía un gancho izquierdo al que apodaban "El Martillo de Thor". Llegó a la final olímpica de peso completo en Helsinki 1952. Sin embargo, fue descalificado en el segundo round por alejarse de su oponente y "no esforzarse lo suficiente". Johansson siempre alegó su inocencia, y declaró que su estrategia era cansar a su contrincante, y no de librarse de él. Siete años después, Johansson se convirtió en campeón mundial de peso completo. En 1982, el COI revirtió su decisión y le entregó la medalla de plata.

886

La alemana Ulrike Meyfarth, especialista en salto en alto, fue la atleta más joven en ganar una medalla de oro. Lo logró en Múnich 1972 con solo 16 años.

887

El pentatleta ucraniano Boris Onischenko era considerado el mejor esgrimista del equipo de la Unión Soviética en los Juegos de Montreal 1976. Pero por una protesta británica, se le confiscó la espada y se descubrió que tenía un cable tramposo. Este cable provocaba que el sistema de puntaje electrónico le diera puntos sin tocar a su oponente. Finalmente, todo el equipo fue descalificado.

888

Gal Fridman fue el primer campeón olímpico de Israel. Lo logró en Atenas 2004.

889

En Sídney 2000, la tenista estadounidense Venus Williams ganó el oro en los torneos singles y dobles femeninos. Así, se convirtió en la primera jugadora en conseguir dos medallas doradas en unos Juegos desde 1924.

890

En Los Ángeles 1984, Paquistán obtuvo el primer puesto en hockey sobre césped. Venció a Alemania Occidental en la primera final varonil que fue a tiempo extra.

891

En Londres 2012 Kevin Durant anotó 156 puntos y se convirtió en el máximo anotador de la historia del equipo estadounidense de básquetbol en unos Juegos Olímpicos.

892

Rohullah Nikpai ganó la primera presea olímpica para Afganistán. Obtuvo una medalla de bronce en taekwondo, en Pekín 2008. Nikpai pasó 10 años de su vida como refugiado en Irán antes de regresar a su país después de la caída del régimen talibán.

893

Los Juegos de Helsinki 1952 pasaron a la historia por ser la edición en la que se batieron más récords olímpicos y mundiales, marca que recién fue superada en Pekín 2008.

En Moscú 1980, el gimnasta soviético Alexander Dityatin
se convirtió en el primer atleta en conseguir 6 medallas en
un solo día de Juegos.

Récord de trampa: una lesión impedía a la puertorriqueña
Madeline de Jesús participar de la posta 4x400. Para
no perjudicar a sus compañeras, Madeline le pidió a su
hermana gemela, Margaret, que la reemplazara en la
carrera. Con la vestimenta y el número de Madeline,
Margaret corrió y Puerto Rico se clasificó para la final.
Pero el equipo fue retirado luego de que un periodista, que
conocía bien a las atletas, denunciara la trampa.

Japón ganó 11 medallas en natación en Los Ángeles 1984.

Disciplinas que entregaron más medallas
en Londres 2012: atletismo, 47; natación, 34;
lucha, 18; canotaje, 16; pesas, 15; tiro, 15.

Helene Madison ganó las pruebas de 100, 400 y 4x100 metros libres de natación en Los Ángeles 1932. Por ello, los periodistas deportivos le pusieron el mote de "Reina de las aguas". Luego, al recibir dinero por nadar, el Comité Olímpico no le permitió participar en Berlín 1936.

En Londres 2012, Milos Raonic y Jo-Wilfried Tsonga disputaron el set con más games y el partido más largo desde que el tenis forma parte del programa olímpico. Tsonga se impuso al canadiense Raonic por 6-3, 3-6, 25-23.

El portugués Carlos Lopes ganó el maratón en 1984, con 37 años. Además, estableció un récord olímpico que se mantuvo durante 29 años.

La estadounidense Joan Benoit ganó el primer maratón olímpico femenino. Fue en Los Ángeles 1984.

902

En Atenas 2004, el gimnasta ruso Alexei Nemov no obtuvo ninguna medalla aunque su actuación fue la más recordada. Era muy querido por el público. En plena competencia, por su ejercicio en la barra, los jueces le dieron un 9,725, lo que lo colocaba muy lejos del oro. Pero el público mostró su disconformidad silbando y consiguió que le subieran la nota a 9,762, también insuficiente. El público siguió abucheando, y Nemov notó que los atletas que debían competir tras él, no podían hacerlo debido al alboroto. Entonces, subió a una tarima y agradeció al público por el apoyo y los hizo callar mediante gestos, por respeto a los demás competidores.

903

En París 1900, el esgrimista cubano Ramón Fonst se convirtió en el primer campeón olímpico de América Latina. Fue el primer hombre en representar a Cuba en Juegos Olímpicos. Con 17 años de edad, ganó 2 medallas.

904

En Los Ángeles 1932, la australiana Claire Dennis consiguió el oro en los 200 metros libres. Generó polémica al usar un traje de baño que enseñaba sus hombros.

En Atenas 1896 había menos de 500 atletas en representación de 13 naciones. En Seúl 1988 se llegó a 160 países participantes. Y en Pekín 2008, por primera vez en la historia, se superaron las 200 naciones (201) que enviaron un total de 10.558 deportistas.

Los Ángeles 1984 marcó el mayor número de medallas de oro para un país. Fueron 83 para los Estados Unidos.

Los primeros récords en natación se realizaron en aguas abiertas. A partir de los Juegos de 1908 se introdujo la competición en piscina.

La española Tania Lamarca ganó el oro en gimnasia en la competencia por equipos en Atlanta 1996. Luego publicó un libro llamado *Lágrimas por una medalla*, en donde denuncia el desequilibrio entre el esfuerzo de los jóvenes que entregan los mejores años de su vida y la recompensa que reciben al terminar su carrera a tan temprana edad.

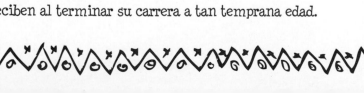

909

El emperador romano Nerón fue campeón olímpico. En el año 67, viajó a Olimpia para intervenir en la carrera de cuadrigas. Allí, sobornó y amenazó a sus rivales, quienes lo dejaron ganar.

910

El bielorruso Vitali Scherbo se convirtió en el primer gimnasta en conseguir 6 oros en Barcelona 1992.

911

El 5 de agosto de 2012, en Londres, Usain Bolt consiguió su segundo oro olímpico en los 100 metros, tras el obtenido en Pekín 2008. Así, igualó a Carl Lewis, ganador en Los Ángeles 1984 y Seúl 1988.

912

La puertorriqueña Gigi Fernández y la dominicana Mary Joe Fernández son las primeras tenistas que han defendido con éxito su título olímpico. Ganaron la medalla de oro de dobles femeninos en 1992 y 1996, representando a EEUU.

913

El patín artístico sobre hielo es el primer deporte de invierno que se practica en unos Juegos de Verano.

914

En Amberes 1920, Austria, Bulgaria, Alemania, Hungría y Turquía no fueron invitadas a los Juegos. Esta decisión se tomó por ser estos los estados de las potencias centrales que perdieron la Primera Guerra Mundial.

915

La española Conchita Martínez fue la primera tenista en lograr medallas en tres Juegos Olímpicos distintos. Consiguió la de plata en 1992, la de bronce en 1996 y otra de plata en 2004. Todas fueron en dobles.

916

Hasta hoy, el estadounidense Andre Agassi y el español Rafael Nadal son los únicos tenistas masculinos que han ganado los cuatro torneos de Grand Slam y la medalla de oro olímpica.

Durante el maratón de San Luis 1904, el atleta Thomas Hicks estaba a punto de caer, pero su entrenador le dio brandy y dos gramos de estricnina, un fuerte veneno que puede causar graves estragos en el cuerpo. Hicks ganó la carrera, pero se desmayó al cruzar la meta. Los médicos le dijeron que, si se hubiera tomado otra dosis de estricnina, podría haber muerto. Hicks nunca volvió a correr una carrera.

En Londres 2012 se establecieron un total de 84 nuevos récords mundiales, un poco menos de la mitad de los 175 que se produjeron en Pekín 2008.

Mildred Didrikson *Babe* Zaharias es considerada la atleta más polivalente de la primera mitad del siglo XX. En 1932 logró las medallas de oro en lanzamiento de jabalina y carrera con vallas, y de plata en salto en alto. Luego, se hizo golfista profesional y ganó tres Abiertos de Estados Unidos, lo que le permitió llegar al Salón de la Fama de Golf. Murió a los 43 años.

Hay dos deportes que solo son practicados por atletas paralímpicos: *goalball* y *boccia*. El primero, lo juegan 2 equipos de tres atletas no videntes o con deficiencia visual. El objetivo es, mediante el lanzamiento con la mano de un balón que tiene cascabeles, introducirlo en la portería del equipo rival. Cualquier jugador del equipo contrario intentará que el balón no entre en la portería. Todos los jugadores deben llevar antifaces opacos, para igualar la visibilidad de todos los participantes. La *boccia*, que se practica en más de 50 países, consiste en acercar lo más posible una bola a un objetivo, un concepto similar al juego de las bochas.

En San Luis 1904, el atleta vencedor del maratón, Fred Lorz, se montó en un auto para concluir la carrera. Cuando los jueces descubrieron el fraude, lo descalificaron.

El atleta estadounidense Rew Ewry sufrió parálisis durante su infancia. En las Olimpiadas de 1904 ganó 4 pruebas, entre ellas el salto sin impulso, hoy excluida de los Juegos.

923

Los Juegos de Estocolmo 1912 fueron pioneros en muchas cosas: las competencias se disputaron en un tiempo preestablecido, del 6 al 15 de julio; los ganadores de cada prueba recogieron sus premios al tiempo que se izaban las banderas nacionales en el estadio, y se utilizó el *foto finish* para clarificar las llegadas más apretadas a las metas.

924

En Ámsterdam 1928 el remero australiano Henry Pearce llevaba tanta ventaja que no tuvo problemas en frenar su bote para dejar pasar a una familia de patos que nadaba por allí. Luego, siguió remando y ganó la medalla de oro.

925

En París 1924, el nadador estadounidense Johnny Weissmuller ganó 3 medallas de oro. Más tarde, se hizo más famoso en el cine por interpretar al personaje Tarzán.

926

En Londres 2012, el alemán Robert Harting se proclamó campeón olímpico de lanzamiento de disco con un lanzamiento de 68,27 metros.

927

El estadounidense Alfrederick *Al* Joyner es especialista
en salto triple, y fue campeón olímpico en Los Ángeles
1984. Es hermano de la atleta Jackie Joyner-Kersee,
ganadora de tres medallas de oro olímpicas. En 1987, se
casó con la atleta Florence Griffith, y tuvieron una hija
llamada Mary Ruth. Es la segunda familia con más
medallas olímpicas: en total cuentan con 12 preseas.

928

La ciclista estadounidense Kristin Armstrong fue
campeona olímpica en Pekín 2008 y Londres 2012. Luego
de ganar su segunda medalla, confesó que teme montar en
bicicleta desde el 2010, año en que nació su hijo Lucas.

929

El protagonismo de los voluntarios ha ido en aumento
a lo largo de la historia de los Juegos. Actualmente, la
organización de unos Juegos requiere de unos 80.000
voluntarios.

Noemí Simonetto es considerada como una de las atletas argentinas más importantes de todos los tiempos. Obtuvo la medalla de plata en la prueba de salto en largo de Londres 1948, con una marca de 5,60 metros.

Se calcula que desde que empezó a nadar hasta su retiro deportivo, Mark Spitz, ganador de 9 medallas olímpicas, nadó 40.000 kilómetros.

En los Juegos de 2012, la china Ye Shiwen, de 16 años, ganó oro en natación, en las pruebas de 200 y 400 metros combinados. Lo hizo con récord mundial, y 28,93 segundos en los últimos 50 metros de esta prueba.

En Moscú 1980, el soviético Vladimir Salnikov fue el primer nadador en bajar la barrera de los 15 minutos en los 1.500 metros libres.

Kenenisa Bekele, atleta etíope, obtuvo medalla de oro en 10.000 metros en los Juegos de Atenas 2004. Nació en Bekoji, a diez kilómetros del lugar de nacimiento de otro gran corredor y ganador de dos preseas doradas: Haile Gebrselassie.

Uruguay fue campeón olímpico de fútbol en París 1924 con nueve partidos jugados y nueve ganados. Veinte goles a favor y solo dos en contra.

El tirador chino Wang Yifu participó de 6 Olimpiadas consecutivas. Cuenta con dos medallas doradas en la especialidad de pistola de aire a 10 metros, obtenidas en Barcelona 1992 y Atenas 2004. Además, acumuló tres platas y un bronce.

En Londres 2012, 14 atletas disputaban la semifinal de salto en alto femenino. Entre todas, decidieron no elevar la valla, y así pasar a la final directamente.

938

En Estocolmo 1912, el estadounidense Ralph Cook Craig ganó la final de 100 metros planos, luego de que entre varios competidores realizaran 7 salidas falsas. (En el caso de Craig, la octava fue la vencida.)

939

James Connolly, primer campeón olímpico moderno, estuvo presente en los Juegos de San Luis 1904, pero como periodista. Con esta profesión, también cubrió la guerra entre Estados Unidos y España, y la Primera Guerra Mundial.

940

En Atlanta 1996, Charles Austin fue el primer estadounidense en ganar el oro olímpico de salto en alto desde que lo hiciera Dick Fosbury en México 1968. Es uno de los pocos saltadores que han superado la barrera de los 2,40 metros.

941

18 disciplinas deportivas, entre ellas el boxeo y los deportes de vela o regatas, han hecho crecer al medallero de la Argentina en el período 1924-2012.

Al ganar la carrera de 1.500 metros planos en París 1900, Charles Bennett se convirtió en el primer inglés en lograr una medalla de oro olímpica. En Inglaterra, trabajaba como maquinista de tren. (Corría más rápido que un tren, ¡cuac!)

El italiano Livio Berruti, campeón olímpico de los 200 metros en Roma 1960, siempre corría con anteojos negros y calcetines blancos.

En Sídney 2000, una de las novedades fue la inclusión de una frase contra el dopaje en el Juramento Olímpico.

El corredor Yohan Blake, al ser consultado sobre el dominio absoluto de los atletas de Jamaica en las pruebas de 100, 200 y 4x400 metros en Londres 2012, afirmó: "No somos humanos, venimos del espacio". (No aclaró si de Marte o Andrómeda.)

946

Un estudio realizado entre Escocia y Jamaica demostró que los atletas del país caribeño tienen hasta 40% más de fibras Actina A en las piernas. Este tipo de fibra ofrece un rendimiento especial en los esfuerzos de alta intensidad en poco tiempo.

947

Mohamed *Mo* Farah es un corredor británico de origen somalí. Ganó medallas de oro en las pruebas de 10.000 metros y 5.000 metros en Londres 2012. Para lograr esos objetivos, *Mo* entrenó unos 180 kilómetros semanales, a un ritmo medio de 3 minutos 40 segundos el kilómetro. Luego, pasaba a una sesión criogénica, que consistía en ingresar sus piernas a un sistema de frío, para recuperar las fibras rotas durante el entrenamiento.

948

Ernesto Canto, campeón olímpico en 20 km marcha en Los Ángeles 1984, es el primer deportista mexicano que salió campeón de todas las competencias en un mismo ciclo olímpico: Juegos Centroamericanos, Panamericanos, Mundial y Olímpicos.

El estadounidense George Valentine Bonhag ganó la medalla de oro en la especialidad de 1,5 km marcha en los Juegos de Atenas 1906. Sin embargo, el COI jamás reconoció oficialmente los resultados de esta competencia.

Valeri Brumel fue un atleta soviético, especialista en salto de altura. En Tokio 1964 ganó la medalla de oro. Es considerado el mejor saltador de altura de la historia antes de la aparición del estilo "Fosbury Flop", en 1968.

El goleador más joven de España en la historia de los Juegos es Raúl González Blanco, gran figura del Real Madrid. Tenía 19 años, 1 mes y 27 días, el día que marcó frente a Australia en 1996.

Los primeros tres puestos de la carrera de 200 metros en Londres 2012 fueron obtenidos por los jamaiquinos Usain Bolt, Yohan Blake y Weir Warren.

953

En Pekín 2008, el cuarteto de Jamaica integrado por Nesta Carter, Asafa Powell, Usain Bolt y Michael Frater ganó la medalla de oro en la prueba de 4x100, con una marca de 37,10 segundos.

954

Ellery Harding Clark, atleta estadounidense, es el primer campeón de los Juegos Olímpicos modernos en salto de altura y salto en largo. Es el único en la historia en haber ganado estas dos pruebas en una competición olímpica. Lo consiguió en Atenas 1896.

955

En Seúl 1988, Gelindo Bordin se convirtió en el primer italiano que ganó el maratón en unos Juegos. En Atenas 2004, su compatriota Stefano Baldini repitió esta hazaña.

956

Hasely Crawford, ganador de los 100 metros planos en Montreal 1976, es considerado un héroe nacional en Trinidad y Tobago. Por eso, el estadio más importante del país lleva su nombre.

957

Récord de animalada: Shawn Crawford, campeón olímpico de 200 metros planos en Atenas 2004, participó en 2003 en un show televisivo denominado *Man vs. Beast (Hombre versus Bestia)*. En este, debía competir sobre 100 metros contra una jirafa y una cebra. En la carrera contra la jirafa, venció fácilmente, pero fue derrotado por la cebra.

958

Thomas Pelham *Tom* Curtis, ganador de los 110 metros con vallas en Atenas 1896, participó en el desarrollo de la tostadora cuando se retiró del deporte.

959

Nina Ponomariova, atleta rusa de lanzamiento de disco, se convirtió en la primera campeona olímpica de la Unión Soviética. Lo logró en Helsinki 1952, y con una nueva marca mundial.

960

 Los Juegos de Berlín 1936 fueron los primeros en transmitirse por televisión. Pero solo 25 aparatos recibieron la señal en la misma ciudad.

961

Los Juegos de Londres 1948 fueron pobres en cuanto a récords. La Segunda Guerra Mundial y los doce años de paréntesis fueron cruciales para el deporte. Algunos atletas habían perdido sus mejores años de competición. Otros, cayeron en el frente de combate.

962

En Helsinki 1952, Lars Hall, un carpintero de Suecia, se convirtió en el primer ganador no militar del pentatlón moderno.

963

En Londres 2012, el bikini no fue obligatorio para el voleibol de playa. Las deportistas podían usar pantalones cortos si así lo deseaban.

964

En México 1968, los mexicanos cosecharon 9 medallas: 3 de oro, 3 de plata y 3 de bronce.

En Atenas 1896, Grecia contó con 223 atletas, contra solo 88 del resto de las delegaciones. Así, se llevó el mayor número de medallas: 47. El segundo lugar fue para Estados Unidos, con 19 y tercera fue Alemania, con 15 medallas.

Tras las victorias de Abebe Bikila en Roma 1960 y Tokio 1964, la victoria de Mamo Wolde en México 1968 se convirtió en la tercera consecutiva para Etiopía en el maratón olímpico.

En Pekín 2008, el taekwondista Guillermo Pérez Sandoval ganó el oro. Terminó así la racha de más de 24 años sin medalla de oro para un deportista varón mexicano.

La única derrota del atleta estadounidense Carl Lewis en una final olímpica fue en los 200 metros planos de Seúl 1988. Quedó segundo, detrás de su amigo Joe DeLoach.

969

En Berlín 1936, las esgrimistas Halet Çambel y Suat Asani fueron las dos primeras mujeres turcas y musulmanas en competir en una cita olímpica.

970

En la Grecia Antigua, las mujeres tenían prohibido asistir y participar en los Juegos, pero Calipatira, madre de Pisírodo, decidió que no se iba a perder el día que su hijo triunfaría. Entonces, se vistió con las ropas de los entrenadores y consiguió ingresar. Su hijo ganó pero, llevada por su alegría, Calipatira saltó la valla para felicitarlo, y su ropa se quedó enganchada. Calipatira quedó desnuda frente a todos. Los jueces le perdonaron la vida, pero desde aquel momento se obligó a los entrenadores a ir desnudos, igual que los atletas, para que no volviera a ocurrir.

971

En Montreal 1976, la participación de las mujeres fue de un 20% respecto de los hombres. En Atlanta 1996, fue de un 35%. En Atenas 2004, del 40%. Y en Londres 2012, al participar 6.078 hombres y 4.841 mujeres, las chicas representaron un 44,3% del total.

En Berlín 1936, la final de básquetbol entre Estados Unidos y Canadá se jugó al aire libre, bajo una lluvia torrencial que impedía por momentos el movimiento de los jugadores. Por eso, el bajo marcador final de 19 a 6 a favor de los Estados Unidos.

Récord de voluntad: en Montreal 1976, el gimnasta japonés Shun Fujimoto se rompió la pierna en la competencia por equipos. Aun así, compitió en caballo con arcos y anillas, y contribuyó a que su equipo ganara la medalla de oro.

El secreto del halterófilo británico Jake Oliver para estar en forma: cada mañana bebía un licuado con calostro (un tipo de leche rica en proteínas, producida durante las últimas etapas del embarazo de la vaca).

Sídney 2000 tenía el lema "Los Juegos Ecológicos". Por eso, ómnibus eléctricos recorrían la Villa Olímpica con una periodicidad de 20 segundos para comunicar cada sector.

976

La nadadora francesa Camille Muffat conquistó la medalla de oro en Londres 2012 en la disciplina 400 metros libres. En 2015, durante la grabación de un *reality*, perdió la vida junto con otras 9 personas en un choque de helicópteros, en la provincia argentina de La Rioja.

977

Después de ganar el oro en la carrera de los 10.000 metros en Barcelona 1992, la atleta etíope Derartu Tulu volvió a ser campeona olímpica en Sídney 2000.

978

En San Luis 1904, al corredor estadounidense Archibaldo *Archie* Hahn lo llamaban *el Meteorito de Milwaukee*. Se quedó con el oro en los 60 metros, en los 100 metros y en los 200 metros, con una marca de 21 segundos 6 décimas. Los 21,6 fueron récord del mundo y récord olímpico.

979

En Seúl 1988, Brasil salió subcampeón de fútbol. Pero tuvo al goleador del certamen: Romario.

980

Hannes Kolehmainen fue el primero de los grandes corredores finlandeses de distancia. En Estocolmo 1912, se impuso en los 5.000 metros y superó la barrera de los 15 minutos. En total, ganó 4 medallas de oro y una de plata, entre estos Juegos y Amberes 1920.

981

En París 1924, el finlandés Paavo Nurmi ganó la medalla de oro en los 1.500 metros y marcó un nuevo récord mundial. Descansó durante 26 minutos y participó en los 5.000 metros, donde volvió a obtener el oro. (No sabemos si tenía cuatro pulmones en lugar de dos.)

982

El boxeador cubano Teófilo Stevenson conquistó tres medallas de oro consecutivas (Múnich 72, Montreal 76 y Moscú 80). Debido a sus prometedoras condiciones, fue tentado con significativas sumas de dinero para enfrentar a Muhammad Ali, uno de los grandes campeones mundiales de la historia del boxeo. Pero Stevenson, fiel al régimen político de su país, las rechazó diciendo que "no cambiaría al pueblo de Cuba ni por todos los dólares del mundo".

983

La final olímpica de fútbol en San Luis 1904 fue entre un equipo de Estados Unidos y otro de Canadá. El resultado: Galt Football Club de Canadá superó al Christian Brothers College por 4 a 0.

984

En Atlanta 1996, el nadador ruso Aleksandr Vladímirovich Popóv ganó la medalla de oro en los 50 y 100 metros libres. De esta manera, repitió el mismo resultado que había conseguido en Barcelona 1992. Así, fue el primero en igualar la hazaña del estadounidense Johnny Weismüller, que lo había logrado en 1924 y 1928.

985

La desaparición de la Unión Soviética como país, desde 1989, dio origen a 15 nuevos países. En Barcelona 1992, las delegaciones de Estonia y Letonia, ausentes desde 1936, volvieron a las competencias. Lo mismo sucedió con la de Lituania, que no participaba desde 1928. Las restantes repúblicas de la ex Unión Soviética participaron como el "Equipo Unificado".

986

En Atlanta 1996 debutó el voleibol de playa. En varones, se impuso Estados Unidos. En mujeres, el oro perteneció a Brasil, con Sandra Pires y Jackie Silva.

987

Récord de misterio: nunca se supo la verdadera edad del corredor etíope Miruts Yifter, quien ganó las pruebas de 5.000 y 10.000 metros en Moscú 1980. Algunos decían que había nacido en 1938 y que, por lo tanto, contaba con 42 años cuando triunfó. Otros, rebajaban esa cifra a 33. Hoy, se acepta que tenía 36, pero Yifter jamás confesó la verdad.

988

En Barcelona 1992, después de 16 años de ausencia, Cuba regresó al escenario olímpico. Ocupó el quinto lugar en el medallero, con 14 de oro, 6 de plata y 11 de bronce. Fue el país latinoamericano con más medallas en estos Juegos.

989

En Melbourne 1956, el conjunto de la desaparecida Unión Soviética contaba con Janis Krumins, un gigante que medía 2,18 metros, altura inusual en esos años.

990

Los de México 1968 fueron los primeros Juegos que se transmitieron por televisión vía satélite, en directo a todo el mundo.

991

En Moscú 1980, el alemán oriental Waldemar Cierpinski fue el segundo atleta en ganar el maratón olímpico por segunda vez consecutiva. Igualó la hazaña del etíope Abebe Bikila.

992

El logotipo de México 1968 se conformó con líneas repetidas que evocaban los diseños precolombinos y los colores vistosos propios de las artesanías del país.

993

La alemana Ingeborg Mello de Preiss, de familia judía,
emigró con 19 años de edad a la Argentina en 1938, ante
el auge del nazismo de Hitler. Pronto se incorporó a la
actividad atlética. Entrenó en San Lorenzo de Almagro y
se convirtió en una gran figura nacional. Compitió para
Argentina en Londres 1948 y Helsinki 1952.

994

Varios de los deportes paralímpicos surgen de adaptaciones
de sus pares olímpicos, como la natación, el ciclismo y
el atletismo. Pero uno de los deportes más populares, la
gimnasia, no tiene su versión paralímpica.

995

**La sede de los Juegos Olímpicos del año 2024 se elegirá en el
2017, en la ciudad de Lima.**

996

En México 1968, las competencias de regatas en mar
abierto se realizaron en la bahía de Acapulco
en pleno océano Pacífico.

En Moscú 1980, el boxeo cubano logró que ocho de sus representantes fueran finalistas. Así, sumó 6 medallas de oro y 2 de plata.

Río de Janeiro propuso la realización de casi la totalidad de los eventos deportivos dentro del área urbana, concentrándose en cuatro zonas: Maracaná, Barra da Tijuca, Deodoro y Copacabana. La única excepción: los eventos de fútbol, en las ciudades de San Paulo, Salvador de Bahía, Belo Horizonte y Brasilia. Todas estas ciudades fueron sedes del Mundial 2014.

El francés y el inglés son los idiomas oficiales del Movimiento Olímpico. El idioma utilizado en cada edición de los Juegos es el idioma del país sede; o idiomas, si el país tiene más de uno oficial.

1.000

En Río de Janeiro 2016 se desarrollan 306 pruebas con medalla: 136 femeninas, 9 mixtas y 161 masculinas.

# Bonus Track

Sedes de los Juegos Olímpicos modernos

Ciudad	Año	País
Atenas	1896	Grecia
París	1900	Francia
San Luis	1904	Estados Unidos
Londres	1908	Reino Unido
Estocolmo	1912	Suecia
Amberes	1920	Bélgica
París	1924	Francia
Ámsterdam	1928	Países Bajos
Los Ángeles	1932	Estados Unidos
Berlín	1936	Alemania
Londres	1948	Reino Unido
Helsinki	1952	Finlandia
Melbourne	1956	Australia
Roma	1960	Italia

Ciudad	Año	País
Tokio	1964	Japón
Ciudad de México	1968	México
Múnich	1972	Alemania
Montreal	1976	Canadá
Moscú	1980	(ex) Unión Soviética
Los Ángeles	1984	Estados Unidos
Seúl	1988	Corea del Sur
Barcelona	1992	España
Atlanta	1996	Estados Unidos
Sídney	2000	Australia
Atenas	2004	Grecia
Pekín	2008	China
Londres	2012	Reino Unido
Río de Janeiro	<2016	Brasil

Aníbal Litvin

Nació en Buenos Aires, Argentina. Es periodista, guionista, productor y humorista. Ha participado en grandes éxitos del mundo del espectáculo y el entretenimiento en su país natal. Entre más de 15 títulos, escribió: *1.000 cosas inútiles que un chico debería saber antes de ser grande*, *1.000 datos insólitos que un chico debería conocer para saber que en el mundo están todos locos*, *Casi 1.000 disparates de todos los tiempos*, *1.000 datos locos del fútbol mundial*, *El libro de las mentiras*, todos publicados por V&R Editoras.

• •

¡Tu opinión es importante!

Puedes escribir sobre qué te pareció este libro a **miopinion@vreditoras.com** con el título del mismo en el "Asunto".

Conócenos mejor en:
www.vreditoras.com
facebook.com/vreditoras